BASIC COMPUTER COURSE BOOK

AF550856

VIKRAM KUMAR SHARMA

Copyright © Vikram Kumar Sharma
All Rights Reserved.

This book has been published with all efforts taken to make the material error-free after the consent of the author. However, the author and the publisher do not assume and hereby disclaim any liability to any party for any loss, damage, or disruption caused by errors or omissions, whether such errors or omissions result from negligence, accident, or any other cause.

While every effort has been made to avoid any mistake or omission, this publication is being sold on the condition and understanding that neither the author nor the publishers or printers would be liable in any manner to any person by reason of any mistake or omission in this publication or for any action taken or omitted to be taken or advice rendered or accepted on the basis of this work. For any defect in printing or binding the publishers will be liable only to replace the defective copy by another copy of this work then available.

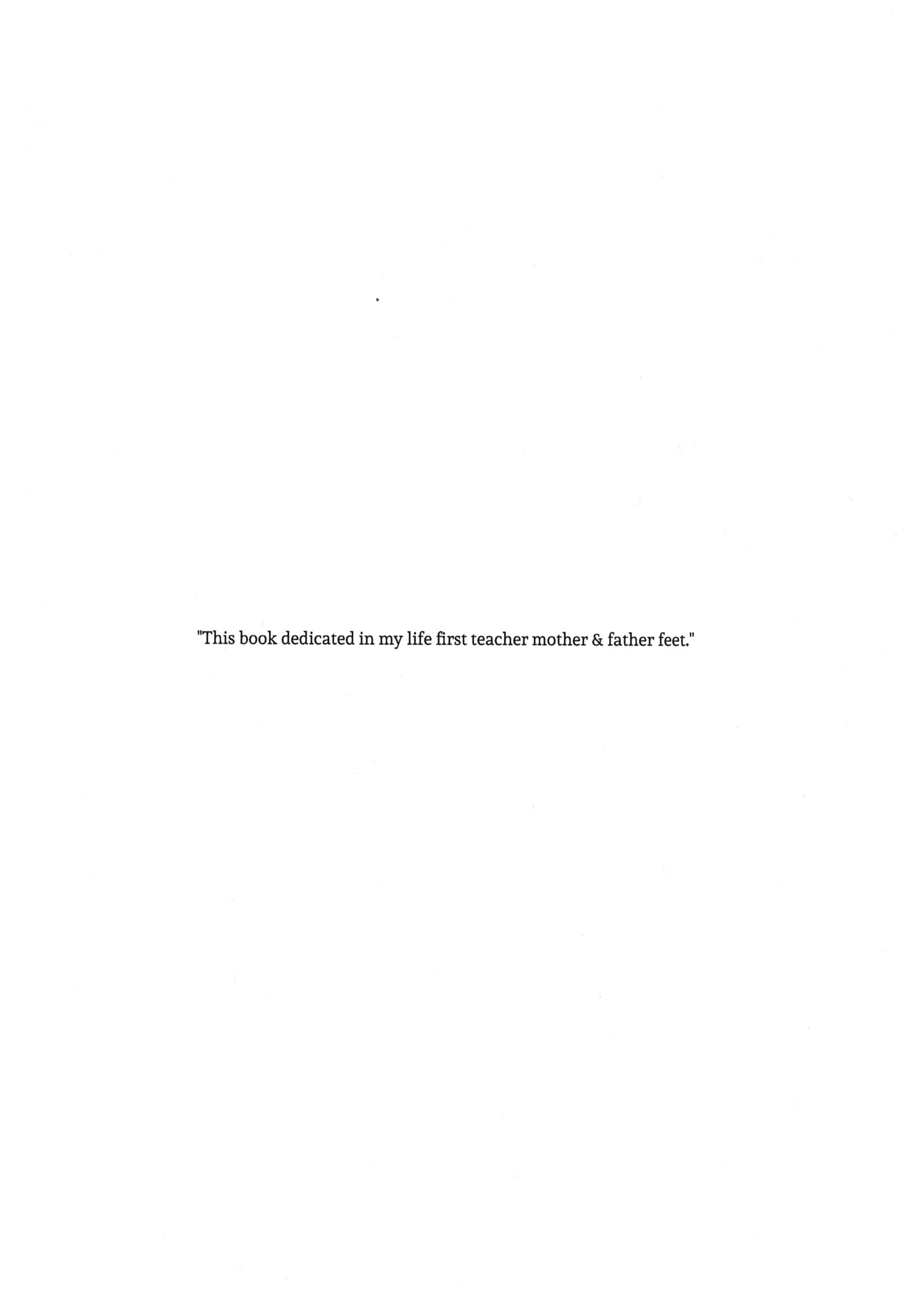

"This book dedicated in my life first teacher mother & father feet."

Contents

Foreword

The writing work of the present book has been done in simple and easy language for English medium from the point of view of curriculum. The writing work of the book has been done keeping in mind the usefulness of the computer exam. In order to avoid any kind of inaccuracies in the book, very minute inspection has been done at many stages, yet if any kind of error is found then suggestions of readers is cordially invited.

ONE

COMPUTER FUNDAMENTAL

Introduction of Computers:-Computer is an electronic device.The computer comes from the word compute which means to calculate. A computer is normally considered a general purpose machine that processes data. Data can be anything like bio data, various applications. Data comes in various sizes and shapes depending upon the type of computer application. A computer can store, process and retrieve data as your desire. It is capable of receiving data performing a sequence operation in accordance with a predetermined but variable set of procedural programs to produce a result in the form of information.

कंप्यूटर:- कंप्यूटर एक इलेक्ट्रॉनिक डिवाइस है। कंप्यूटर कंप्यूट शब्द से बना है जिसका अर्थ है गणना करना। कंप्यूटर को आम तौर पर एक सामान्य प्रयोजन मशीन माना जाता है जो डेटा को संसाधित करता है। डेटा कुछ भी हो सकता है जैसे बायो डेटा, विभिन्न एप्लिकेशन । कंप्यूटर एप्लिकेशन के प्रकार के आधार पर डेटा विभिन्न आकारों और आकारों में आता है। एक कंप्यूटर आपकी इच्छा के अनुसार डेटा को स्टोर, प्रोसेस और पुनः प्राप्त कर सकता है। यह सूचना के रूप में परिणाम उत्पन्न करने के लिए प्रक्रियात्मक कार्यक्रमों के एक पूर्व निर्धारित लेकिन परिवर्तनशील सेट के अनुसार अनुक्रम संचालन करते हुए डेटा प्राप्त करने में सक्षम है।

Data:-Data is the collection of fact and figure. Fact means any numeric, alphabet and symbol. The fact that computer process data is so fundamental that many people have started calling it data processors. Figure means diagram and size. Computer data is information processed or stored by a computer. This information may be in the form of text documents, images, audio clips, software programs, or other types of data. Computer data may be processed by the computer's CPU and is stored in files and folders on the computer's hard disk.

डेटा: - डेटा तथ्य और आंकड़ों का संग्रह है। फैक्ट का मतलब होता है कोई भी अंकीय, अक्षर और प्रतीक। तथ्य यह है कि कंप्यूटर प्रक्रिया डेटा इतना मौलिक है कि बहुत से लोग इसे डेटा प्रोसेसर कहने लगे हैं। चित्र का अर्थ है आरेख और आकार। कंप्यूटर डेटा कंप्यूटर द्वारा संसाधित या संग्रहीत जानकारी है। यह जानकारी टेक्स्ट डॉक्यूमेंट, इमेज, ऑडियो क्लिप, सॉफ्टवेयर प्रोग्राम या अन्य प्रकार के डेटा के रूप में हो सकती है। कंप्यूटर डेटा को कंप्यूटर के सीपीयू द्वारा संसाधित किया जा सकता है और कंप्यूटर की हार्ड डिस्क पर फाइलों और फ़ोल्डरों में संग्रहीत किया जाता है।

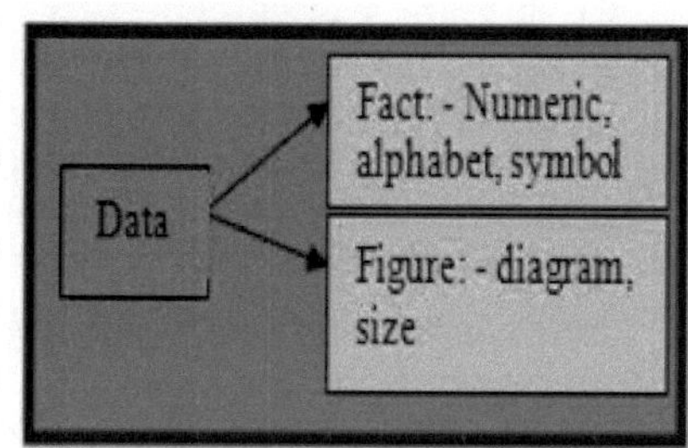

Full form of computer:-

- C – Common (सामान्य)
- O – Operating (परिचालन)
- M- Machine (यंत्र)
- P- Purpose/ particular (प्रयोजन / विशेष)
- U – Use/Unit (उपयोग / इकाई)
- T – Training / Technology (प्रशिक्षण / प्रौद्योगिकी)
- E – Education (शिक्षा)
- R–Research (खोज)

Benefits of a computer:-There are benefit of using a computer some of them are given as below-

Automatic: - A computer is an automatic device that performs its function on its own, without the intervention of a person, although one cannot turn on itself but does all the work with its artificial intelligence.

स्वचालित:- कंप्यूटर एक स्वचालित उपकरण है जो किसी व्यक्ति के हस्तक्षेप के बिना, अपने आप ही अपना कार्य करता है, हालांकि ये खुद को चालू नहीं कर सकता है लेकिन सभी काम अपनी कृत्रिम बुद्धि के साथ करता है।

Speed: - The speed of the computer is most useful for any person because the computer is done every work within a few seconds.

स्पीड:- कंप्यूटर की स्पीड किसी भी व्यक्ति के लिए सबसे ज्यादा उपयोगी होती है क्योंकि कंप्यूटर हर काम कम समय में कर देता है।

Accuracy: - In addition to its intensity, the computer is also ahead in terms of its accuracy. It completes all the tasks with perfect accuracy without any mistake and all its functions depend on the type of computer and which generation.

शुद्धता:- इसकी तीव्रता के साथ-साथ इसकी शुद्धता के मामले में भी कम्प्यूटर आगे है। यह बिना किसी गलती के सभी कार्यों को पूर्ण सटीकता के साथ पूरा करता है। इसके सभी कार्य कंप्यूटर के प्रकार और पीढ़ी पर निर्भर करते हैं।

Diligence: - The computer does all its poetic concentration, it takes a minimum time to do any task and it can easily perform all those actions as many million times even if asked to do it again. Human beings cannot do any task repeatedly with as much concentration as when they do a work for the first time that is why computers work with more concentration than human beings.

परिश्रम :- कंप्यूटर अपनी सारी कार्य एकाग्रता से करता है, किसी भी कार्य को करने में कम से कम समय लगता है और उन सभी क्रियाओं को दोबारा करने के लिए कहे जाने पर भी वह आसानी से कई बार कर सकता है। मनुष्य किसी भी कार्य को उतनी एकाग्रता से बार-बार नहीं कर सकता, जितना पहली बार किसी कार्य को करने पर करता है, इसलिए कंप्यूटर मनुष्य से अधिक एकाग्रता के साथ कार्य करता है।

Versatility: - A computer is a versatile device, it can complete many tasks at one time, such as if it shows the results of a class at one time, on the other hand it also pays you many bills at the same time. Which is more executive than humans.

बहुमुखी प्रतिभा :- कंप्यूटर एक वर्सेटाइल उपकरण है, यह एक समय में कई कार्यों को पूरा कर सकता है, जैसे कि यह एक समय में एक कक्षा के परिणाम दिखाता है, दूसरी ओर यह आपको एक ही समय में कई बिलों का भुगतान भी करता है। जो इंसानों से ज्यादा कार्यकारी है।

Power of remembering: - The computer never forgets anything, it stores all your files and saves them in hard disk or inside secondary storage memory, even then whenever you need those files in future, the system will easily give you that File, no data is deleted without your permission. The system stores all your files but it does not happen in humans. Human remembers only essential work and always forgets the non-essential work.

याद रखने की शक्ति :- कंप्यूटर कभी भी कुछ भी नहीं भूलता है, यह आपकी सभी फाइलों को स्टोर करता है और उन्हें हार्ड डिस्क या सेकेंडरी स्टोरेज मेमोरी के अंदर सेव करता है, फिर भी भविष्य में जब भी आपको उन फाइलों की आवश्यकता होगी, सिस्टम आपको आसानी से वह फाइल दे देगा। आपकी अनुमति के बिना कोई डेटा नहीं हटाता। सिस्टम आपकी सभी फाइलों को स्टोर करता है लेकिन इंसानों में ऐसा नहीं होता है। मनुष्य केवल आवश्यक कार्य को ही याद रखता है और गैर-जरूरी कार्यों को हमेशा भूल जाता है।

No IQ: - The computer does not have its own IQ, every program is designed by a computer user inside it, which makes the computer work based on the IQ of humans, the computer is assigned to do whatever work is given by the command inside it. The computer works through the line. The computer is not a magic device. It is a device created by humans.

विचारहीन :- कंप्यूटर का अपना IQ नहीं होता है, प्रत्येक प्रोग्राम को उसके अंदर एक कंप्यूटर उपयोगकर्ता द्वारा डिज़ाइन किया जाता है, जो कंप्यूटर को इंसानों के IQ के आधार पर काम करता है, कंप्यूटर को जो भी काम दिया जाता है उसे करने के लिए अंदर कमांड द्वारा दिया जाता है यह। कंप्यूटर लाइन के माध्यम से काम करता है। कंप्यूटर कोई जादुई यंत्र नहीं है। यह इंसानों द्वारा बनाया गया एक उपकरण है।

No feeling: - A computer is a sophisticated device, it does not have any feelings of its own because this is machine based system, it cannot take any decision by itself because the system does not have its own knowledge.

भावनाओंरहित :- इसकी अपनी कोई भावना नहीं है क्योंकि यह मशीन आधारित प्रणाली है, यह स्वयं कोई निर्णय नहीं ले सकता है क्योंकि सिस्टम का अपना ज्ञान नहीं है।

Storage: - The computer can store any data very easily, we can store millions of files in the computer, we can get those files in full whenever needed, the files can be stored in the computer for many years.

स्टोरेज:- कंप्यूटर किसी भी डाटा को बहुत आसानी से स्टोर कर सकता है, हम लाखों फाइलों को कंप्यूटर में स्टोर कर सकते हैं, जरूरत पड़ने पर हम उन फाइलों को प्राप्त कर सकते हैं, फाइलों को कई सालों तक कंप्यूटर में स्टोर किया जा सकता है।

Reliability: - A computer is a reliable tool, with the help of it, you can do any of your tasks easily. Computer completes any task 100%. It get data 100% always.

विश्वसनीयता :- कंप्यूटर एक विश्वसनीय उपकरण है इसकी सहायता से आप अपना कोई भी कार्य आसानी से कर सकते हैं। कंप्यूटर किसी भी कार्य को 100% पूर्ण करता है। इसे हमेशा 100% डेटा मिलता है।

Classification of computer:-

Computers are classified according to their data processing speed, amount of data that they can hold and process. Depending upon their speed and memory size, computers are classified into the following three main groups.

(कंप्यूटर को उनकी डेटा प्रोसेसिंग गति, डेटा के अनुसार वर्गीकृत किया जाता है। उनकी गति और मेमोरी के आधार पर कंप्यूटरों को निम्नलिखित तीन मुख्य समूहों में वर्गीकृत किया जाता है।)

1. Analog computer   2.Digital computer   3. Hybrid computer

Analog computer: - Analog computer is used mostly in medical science. This very kind of computer works on continuous data value if you have to calculate the blood pressure, length, heartbeat, breath , electronic effect or something similar to this kind of Technology

(**एनालॉग कंप्यूटर:-** एनालॉग कंप्यूटर का प्रयोग ज्यादातर मेडिकल साइंस में होता है। यह बहुत ही तरह का कंप्यूटर निरंतर डेटा मान पर काम करता है यदि आपको रक्तचाप, लंबाई, दिल की धड़कन, सांस, इलेक्ट्रॉनिक प्रभाव या इस तरह की तकनीक के समान कुछ की गणना करनी है।)

Digital computer: -It is a digital computer system that performs various computational tasks. Digital computer uses the binary number system which has two digits (0 and 1). A binary digit is represented in a digital computer.

(**डिजिटल कंप्यूटर: -** यह एक डिजिटल कंप्यूटर सिस्टम है जो विभिन्न कम्प्यूटेशनल कार्य करता है। डिजिटल कंप्यूटर बाइनरी नंबर सिस्टम का उपयोग करता है जिसमें दो अंक (0&1) होते हैं।

Hybrid computer: - This kind of computer comes with both features digital and analog. It called hybrid computers. It is used where you need to calculate both the digital and analog data. Like in the hospital.

(**हाईब्रिड कंप्यूटर:-** इस तरह के कंप्यूटर में डिजिटल और एनालॉग दोनों ही फीचर होते हैं। इसे हाइब्रिड कंप्यूटर कहते हैं। इसका उपयोग वहां किया जाता है जहां आपको डिजिटल और एनालॉग डेटा दोनों की गणना करने की आवश्यकता होती है। जैसे अस्पताल में।)

Type of digital computer:-

1). Microcomputer: -Microcomputer can also be called a personal computer, in which only one user can work at a time. It is often easily used in homes. Their memory and functionality are less than other computers. There is a very popular system for work. These computers use a microprocessor chip inside and this chip is used in CPU. There are various types of computers as described below-

(**माइक्रो कंप्यूटर:-** माइक्रो कंप्यूटर को पर्सनल कंप्यूटर भी कहा जा सकता है, जिसमें एक समय में एक ही यूजर काम कर सकता है। इसे अक्सर घरों में आसानी से इस्तेमाल किया जाता है। इनकी मेमोरी और कार्यक्षमता अन्य कंप्यूटरों की तुलना में कम होती है। काम के लिए एक बहुत लोकप्रिय प्रणाली है। ये कंप्यूटर अंदर एक माइक्रोप्रोसेसर चिप का उपयोग करते हैं और इस चिप का उपयोग CPU में किया जाता है। नीचे वर्णित विभिन्न प्रकार के कंप्यूटर हैं-)

i).Desktop computer: - This computer is placed on top of a desk so that we can easily work in this computer. Its microprocessor is small. Two popular series of personal computers are the I B M personal computer and the Apple Macintosh.

(**डेस्कटॉप कंप्यूटर:-** इस कंप्यूटर को एक डेस्क के ऊपर रखा जाता है ताकि हम इस कंप्यूटर में आसानी से काम कर सकें। इसका माइक्रोप्रोसेसर छोटा है। पर्सनल कंप्यूटर की दो लोकप्रिय श्रृंखलाएं हैं I B M पर्सनल कंप्यूटर और Apple Macintosh।)

ii). Notebook computer: - Notebook computers are also called laptop computers. Notebooks are stored in one place by integrating processors, memory, keyboards, displays, and computer hard drives. It runs on battery. Notebook computers are small and lightweight, easy to move from one place to another place.

(**नोटबुक कंप्यूटर:-** नोटबुक कंप्यूटर को लैपटॉप कंप्यूटर भी कहा जाता है। प्रोसेसर, मेमोरी, कीबोर्ड, डिस्प्ले और कंप्यूटर हार्ड ड्राइव को एकीकृत करके नोटबुक को एक ही स्थान पर संग्रहीत किया जाता है। यह बैटरी से चलता है। नोटबुक कंप्यूटर छोटे और हल्के होते हैं, जिन्हें एक स्थान से दूसरे स्थान पर ले जाना आसान होता है।)

iii). Tablet PC: - The tablet is typically smaller than a notebook computer but larger than a Smartphone. The tablet PC relies on digital Ink Technology, where under the LCD screen to create an electromagnetic field that can capture the movement of the special purpose pen and record the movement on the LCD screens. A tablet PC is a wireless, portable computer with a touch screen interface.

(**टैबलेट पीसी: -** टैबलेट आमतौर पर नोटबुक कंप्यूटर से छोटा होता है लेकिन स्मार्टफोन से बड़ा होता है। टैबलेट पीसी डिजिटल इंक प्रौद्योगिकी पर निर्भर करता है, जहां एलसीडी स्क्रीन के नीचे एक विद्युत चुम्बकीय क्षेत्र बनाने के लिए जो विशेष प्रयोजन पेन की गति को पकड़ सकता है।टैबलेट पीसी एक वायरलेस, पोर्टेबल कंप्यूटर है जिसमें टच स्क्रीन इंटरफेस होता है।)

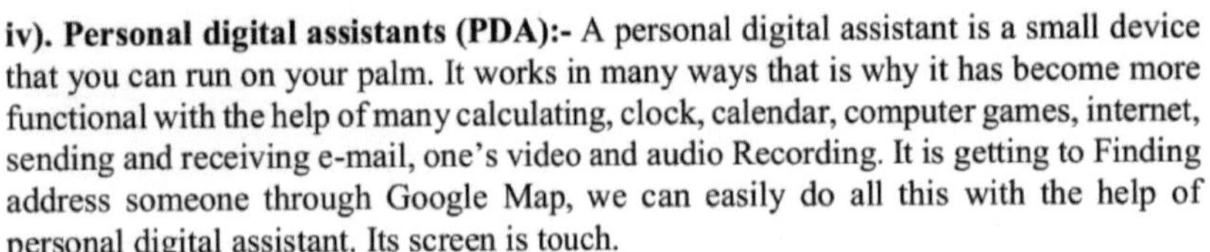

iv). Personal digital assistants (PDA):- A personal digital assistant is a small device that you can run on your palm. It works in many ways that is why it has become more functional with the help of many calculating, clock, calendar, computer games, internet, sending and receiving e-mail, one's video and audio Recording. It is getting to Finding address someone through Google Map, we can easily do all this with the help of personal digital assistant. Its screen is touch.

(**व्यक्तिगत डिजिटल सहायक (पीडीए):-** एक व्यक्तिगत डिजिटल सहायक एक छोटा उपकरण है जिसे आप अपनी हथेली पर चला सकते हैं। यह कई तरह से काम करता है इसलिए कई गणना, घड़ी, कैलेंडर, कंप्यूटर गेम, इंटरनेट, ई-मेल भेजने और प्राप्त करने, किसी के वीडियो और ऑडियो रिकॉर्डिंग की मदद से यह अधिक कार्यात्मक हो गया है। गूगल मैप के जरिए किसी का पता ढूंढना हो रहा है, यह सब हम पर्सनल डिजिटल असिस्टेंट की मदद से आसानी से कर सकते हैं। इसकी स्क्रीन टच है।)

2). **Minicomputer:-**A minicomputer is a multi-user system. It used to control machines in a manufacturing unit. It have higher memory, processing power and storage compared to a microcomputer.

(**मिनीकंप्यूटर:-** एक मिनी कंप्यूटर एक बहु-उपयोगकर्ता प्रणाली है। यह एक कई मशीनों को नियंत्रित करता है। इसमें माइक्रो कंप्यूटर की तुलना में अधिक मेमोरी, प्रोसेसिंग पावर और स्टोरेज होती है।)

3). **Mainframe computer: -** A mainframe computer is bigger than a minicomputer. Mainframe computers can process several millions of program instructions per second. Large organizations rely on these room size systems to handle large programs with lots of data. It is used by insurance companies, banks, airlines, railway reservation systems etc.

(**मेनफ्रेम कंप्यूटर:-** मेनफ्रेम कंप्यूटर मिनी कंप्यूटर से बड़ा होता है। मेनफ्रेम कंप्यूटर प्रति सेकंड कई लाख प्रोग्राम निर्देशों को संसाधित कर सकते हैं। बड़े संगठन बहुत सारे डेटा वाले बड़े कार्यक्रमों को संभालने के लिए इन कमरे के आकार के सिस्टम पर भरोसा करते हैं। इसका उपयोग बीमा कंपनियों, बैंकों, एयरलाइनों, रेलवे आरक्षण प्रणालियों आदि द्वारा किया जाता है।)

4). **Supercomputer:-** Supercomputer is the fastest calculating computer than all other computers. It is the largest of all computers in size and also has the largest functionality. It is used in to identify any metal, measure the speed of weapons, physical and mechanical operations, nuclear reactors, calculating, graphics design for weapons, cars, industrial area, physical numeric. India's first supercomputer name- **PARAM 10000.** World first supercomputer named- **CRAY – I**

(**सुपर कंप्यूटर:-** सुपर कंप्यूटर अन्य सभी कंप्यूटरों की तुलना में सबसे तेज गणना करने वाला कंप्यूटर है। यह आकार में सभी कंप्यूटरों में सबसे बड़ा है और इसमें सबसे बड़ी कार्यक्षमता भी है। इसका उपयोग किसी भी धातु की पहचान करने, हथियारों की गति को मापने, भौतिक और यांत्रिक संचालन, परमाणु रिएक्टर, गणना, हथियारों के लिए ग्राफिक्स डिजाइन, कारों, औद्योगिक क्षेत्र, भौतिक संख्यात्मक के लिए किया जाता है। भारत के पहले सुपरकंप्यूटर का नाम- PARAM 10000. विश्व का पहला सुपरकंप्यूटर नाम- CRAY-I)

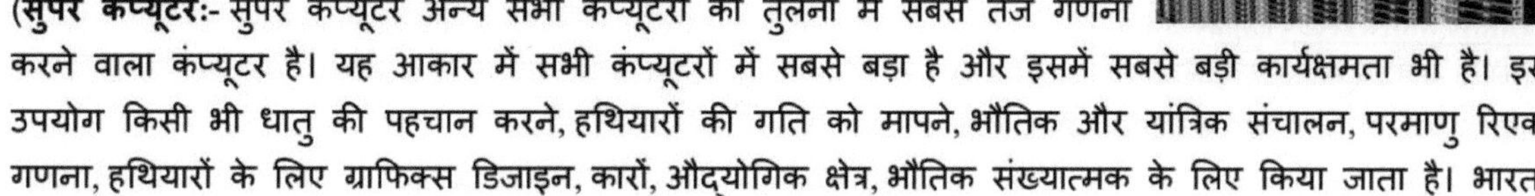

HARDWARE

Hardware:-The physical part of a computer system that is the machine part is known as computer hardware. Hardware consists of the mechanical, electrical and electronic parts of the system. Example- monitor, memory card, hard disk etc.

(**हार्डवेयर:-** कंप्यूटर सिस्टम का भौतिक भाग जो मशीन का हिस्सा होता है उसे कंप्यूटर हार्डवेयर के रूप में जाना जाता है। हार्डवेयर में सिस्टम के मैकेनिकल, इलेक्ट्रिकल और इलेक्ट्रॉनिक हिस्से होते हैं। उदाहरण- मॉनिटर, मेमोरी कार्ड, हार्ड डिस्क आदि।)

Software: -Software is a written program. It is a set of detailed step by step instructions called programs that enable a computer system to perform any task at a very high speed. The software is a collection of programs.

(**सॉफ्टवेयर:-** सॉफ्टवेयर एक लिखित प्रोग्राम है। यह विस्तृत चरण-दर-चरण निर्देशों का एक सेट है जिसे प्रोग्राम कहा जाता है जो कंप्यूटर सिस्टम को किसी भी कार्य को बहुत तेज गति से करने में सक्षम बनाता है। सॉफ्टवेयर प्रोग्रामों का एक संग्रह है।)

A). **System software: -**System software is a set of one or more programs designed to control all the functions of the computer and enhance the computer's capability. System software known as drivers.

(**सिस्टम सॉफ्टवेयर:-** सिस्टम सॉफ़्टवेयर कंप्यूटर के सभी कार्यों को नियंत्रित करने और कंप्यूटर की क्षमता को बढ़ाने के लिए डिज़ाइन किए गए एक या अधिक प्रोग्राम का एक सेट है। सिस्टम सॉफ्टवेयर ड्राइवर के रूप में जाना जाता है।)

- This type of software boosts the application software.
- This type of software brings into operation the application software.
- System software monitoring the various hardware resources. Like: - Memory, any type of Hardware.
- System software informs with the check the operation of Peripheral devices, such as printer, disk, tape etc.
- System software type: - operating system, programming language translator, communication software, and utility program.

(• इस प्रकार का सॉफ्टवेयर एप्लीकेशन सॉफ्टवेयर को बूस्ट करता है।

- इस प्रकार का सॉफ्टवेयर एप्लीकेशन सॉफ्टवेयर को प्रचालन में लाता है।
- सिस्टम सॉफ्टवेयर विभिन्न हार्डवेयर संसाधनों की निगरानी करता है। जैसे:- मेमोरी, किसी भी प्रकार का हार्डवेयर।
- सिस्टम सॉफ्टवेयर चेक के साथ परिधीय उपकरणों, जैसे प्रिंटर, डिस्क, टेप आदि के संचालन की सूचना देता है।
- सिस्टम सॉफ्टवेयर प्रकार: - ऑपरेटिंग सिस्टम, प्रोग्रामिंग लैंग्वेज ट्रांसलेटर, कम्युनिकेशन सॉफ्टवेयर और यूटिलिटी प्रोग्राम।)

B). <u>Application software:</u> - This is written by a programmer to solve his particular research problem is application software. Some of the most commonly used applications are word processing software, spreadsheet software, database software, graphic software, personal assistant software, education, software, entertainment software, and pdf read software etc. "Application software is a set of programs designed to solve a specific problem or do a specific task."
(**एप्लीकेशन सॉफ्टवेयर:-** यह एक प्रोग्रामर द्वारा अपनी विशेष समस्या को हल करने के लिए लिखा जाता है जो एप्लीकेशन सॉफ्टवेयर है। सबसे अधिक उपयोग किए जाने वाले कुछ एप्लिकेशन वर्ड प्रोसेसिंग सॉफ्टवेयर, स्प्रेडशीट सॉफ्टवेयर, डेटाबेस सॉफ्टवेयर, ग्राफिक सॉफ्टवेयर, पर्सनल असिस्टेंट सॉफ्टवेयर, शिक्षा, सॉफ्टवेयर, एंटरटेनमेंट सॉफ्टवेयर और पीडीएफ रीड सॉफ्टवेयर आदि हैं। "एप्लिकेशन सॉफ्टवेयर प्रोग्राम का एक सेट है जिसे हल करने के लिए डिज़ाइन किया गया है। विशिष्ट समस्या या कोई विशिष्ट कार्य करना।")

C). <u>Utility Software:</u> - Utility software is design to help analyse configure optimize or maintain a computer.
(**यूटिलिटी सॉफ्टवेयर: -** यूटिलिटी सॉफ्टवेयर एक कंप्यूटर को अनुकूलित करने या बनाए रखने के लिए कॉन्फ़िगर करने में मदद करने के लिए डिज़ाइन किया गया है।)

<u>History of computers:-</u>
In the history of computers, we want to tell how, in what ways, how many inventions were made by a human, with the help of which we are using modern digital computers, which help us to do our entire basic computer work. We can easily complete it. **<u>The first mechanical adding machine was invented by Blaise Pascal in 1642. In 1671 Baron Gottfried Wilhelm von Leibniz of Germany invented the first calculator for multiplication.</u>** Charles Babbage, 19th century Professor at Cambridge University is considered the father of the modern digital computer. During his period mathematical and statistical tables were prepared by a group of clerks. In this process he designed a different engine in the year 1822 which would produce reliable tables. In 1842 Babbage came out with his new idea of an analytical engine which was intended to be completely automatic. It was to be capable of performing the basic arithmetic functions for any mathematical problems. Latest now briefly discusses some of the well and early computer these are following below:-
(कंप्यूटर के इतिहास में हम बताना चाहते हैं कि कैसे, किस तरह से, मानव द्वारा कितने आविष्कार किए गए, जिसकी मदद से हम आधुनिक डिजिटल कंप्यूटर का उपयोग कर रहे हैं, जो हमें अपना संपूर्ण बुनियादी कंप्यूटर कार्य करने में मदद करते हैं। हम इसे आसानी से पूरा कर सकते हैं। पहली यांत्रिक जोड़ने वाली मशीन का आविष्कार ब्लेज़ पास्कल ने 1642 में किया था। 1671 में जर्मनी के बैरन गॉटफ्रीड विल्हेम वॉन लाइबनिज़ ने गुणा के लिए पहले कैलकुलेटर का आविष्कार किया था। 19वीं सदी के कैम्ब्रिज विश्वविद्यालय के प्रोफेसर चार्ल्स बैबेज को आधुनिक डिजिटल कंप्यूटर का जनक माना जाता है। उनकी अवधि के दौरान क्लर्कों के एक समूह द्वारा गणितीय और सांख्यिकीय सारणियां तैयार की गईं। इस प्रक्रिया में उन्होंने वर्ष 1822 में एक अलग इंजन तैयार किया जो विश्वसनीय तालिकाओं का उत्पादन करेगा। 1842 में बैबेज एक विश्लेषणात्मक इंजन के अपने नए विचार के साथ आए, जिसका उद्देश्य पूरी तरह से स्वचालित होना था। यह किसी भी गणितीय समस्या के लिए बुनियादी अंकगणितीय कार्यों को करने में सक्षम होना था। नवीनतम अब संक्षेप में कुछ अच्छे और प्रारंभिक कंप्यूटरों की चर्चा करता है जो निम्नलिखित हैं:))

Mark - I computer (1937- 1944):-It was the first fully automatic calculating machine designed by Howard Akens. It was made by Harvard University in collaboration with IBM (International Business Machine) Corporation. It was Capable performing five basic arithmetic functions addition, subtraction, dividation, multiplication, and table. It used over 3000 electric switches to control its operations. It was approximately 50 fit long and 8 fit high. It solves any equation and after solving the equation it data 23 decimal digits this machine.

(**मार्क- I कंप्यूटर (1937-1944):-** यह हॉवर्ड एकेंस द्वारा डिजाइन की गई पहली पूर्ण स्वचालित गणना मशीन थी। इसे हार्वर्ड यूनिवर्सिटी ने IBM (इंटरनेशनल बिजनेस मशीन) कॉर्पोरेशन के सहयोग से बनाया है। यह पांच बुनियादी अंकगणितीय कार्यों को जोड़ने, घटाने, विभाजन, गुणा और तालिका को करने में सक्षम था। इसने अपने संचालन को नियंत्रित करने के लिए 3000 से अधिक बिजली के स्विच का इस्तेमाल किया। यह लगभग 50 फिट लंबा और 8 फिट ऊंचा था। यह किसी भी समीकरण को हल करता है और समीकरण को हल करने के बाद इस मशीन में 23 दशमलव अंकों का डेटा देता है।)

Atanasoff berry computer (1939- 1942):- The electronic machine was developed by Dr John Atanasoff to solve certain mathematical equations. It was called ABC computer.

(**एटानासॉफ बेरी कंप्यूटर (1939-1942):-** इलेक्ट्रॉनिक मशीन को कुछ गणितीय समीकरणों को हल करने के लिए डॉ जॉन एटानासॉफ द्वारा विकसित किया गया था। इसे एबीसी कंप्यूटर कहा जाता था।)

ENIAC (1943- 1946):-(Electronic Numerical Integrator and Calculator).It is the first fully Electronic computer. It was invented by the Moore engineering university in Pennsylvania (USA). Design team lead by Professor J. Presper Eckert and John mouchly. It uses 18000 vacuum tubes and it weight 30 ton. Its size 20 * 40 square fit. The addition of two numbers was achieved in 200 microsecond and multiplication in 2000 microsecond.

(**ENIAC (1943-1946):-** (इलेक्ट्रॉनिक न्यूमेरिकल इंटीग्रेटर और कैलकुलेटर) । यह पहला पूर्ण इलेक्ट्रॉनिक कंप्यूटर है। इसका आविष्कार पैंसिल्वेनिया (यूएसए) में मोर इंजीनियरिंग विश्वविद्यालय द्वारा किया गया था। डिजाइन टीम का नेतृत्व प्रोफेसर जे. प्रेस्पर एकर्ट और जॉन मौचली ने किया। इसमें 18000 वैक्यूम ट्यूब का इस्तेमाल किया गया है और इसका वजन 30 टन है। इसका आकार 20*40 वर्ग फिट है। दो संख्याओं का योग 200 माइक्रोसेकंड में और गुणा 2000 माइक्रोसेकंड में प्राप्त किया गया था।)

EDVAC (1946- 1952):-(Electronic Discrete Variable Automatic Computer). It was designed on a strong concept by Dr. John Neumann also has a share of credit for introducing the idea of storing both instructions and data in the binary form state of the decimal number or human-Readable word. It refers to a modern digital computer as a stored program digital computer.

(**EDVAC (1946- 1952):-**(इलेक्ट्रॉनिक डिस्क्रीट वेरिएबल ऑटोमेटिक कंप्यूटर)। इसे डॉ. जॉन न्यूमैन द्वारा एक मजबूत अवधारणा पर डिजाइन किया गया था, जिसमें दशमलव संख्या या मानव-पठनीय शब्द की बाइनरी फॉर्म स्थिति में निर्देश और डेटा दोनों को संग्रहीत करने के विचार को पेश करने के लिए क्रेडिट का एक हिस्सा भी है। यह एक आधुनिक डिजिटल कंप्यूटर को एक संग्रहीत प्रोग्राम डिजिटल कंप्यूटर के रूप में संदर्भित करता है।)

EDSAC (1947- 1949):-(Electronic Delay Storage Automatic Calculator). This machine executed its first program in May 1949. In this machine, adding operation was a Complete in 1500 microsecond and multiplication operation in 4000 microseconds. The machine was developed by a group of scientists headed by Professor Mavrical Wilkers. At the Cambridge University mathematical laboratory.

(EDSAC (1947-1949):- (इलेक्ट्रॉनिक डिलेय स्टोरेज ऑटोमेटिक कैलक्यूलेटर)। इस मशीन ने अपना पहला प्रोग्राम मई 1949 में क्रियान्वित किया। इस मशीन में, जोड़ने का ऑपरेशन 1500 माइक्रोसेकंड में पूर्ण और 4000 माइक्रोसेकंड में गुणन ऑपरेशन था। मशीन को प्रोफेसर मावरिकल विल्कर्स के नेतृत्व में वैज्ञानिकों के एक समूह द्वारा विकसित किया गया था। कैम्ब्रिज विश्वविद्यालय की गणितीय प्रयोगशाला में।)

UNIVAC I (1951) :-(Universal Automatic Computer). It was the first digital computer. It was installed by the Census Bureau in 1951 and it was used continuously for 10 year. The first business use of a computer by General Electric Corporation in 1954. In 1952, International Business Machine Corporation design 701 commercial computers. In Rapid succession, improved models of the Univac-I and other 700 series machines were introduced.

(UNIVAC- I (1951) :-(यूनिवर्सल ऑटोमेटिक कंप्यूटर)। यह पहला डिजिटल कंप्यूटर था। यह जनगणना ब्यूरो द्वारा 1951 में स्थापित किया गया था और इसे लगातार 10 साल तक इस्तेमाल किया गया था। 1954 में जनरल इलेक्ट्रिक कॉर्पोरेशन द्वारा कंप्यूटर का पहला व्यावसायिक उपयोग। 1952 में, इंटरनेशनल बिजनेस मशीन कॉर्पोरेशन ने 701 वाणिज्यिक कंप्यूटरों को डिजाइन किया। तेजी से उत्तराधिकार में, यूनिवैक-आई और अन्य 700 श्रृंखला मशीनों के बेहतर मॉडल पेश किए गए।)

Computer generation: -

In the computer generation, I want to tell you what technology has been used in the system in these five generations, which has increased the computer for further work in our computer industry. During the description of the various computer generations you will come across several Technologies and computers, which you might aware of able to work properly. However the idea here is to just give you an overview of the major developments and technologies during the five generation of computers.

(कंप्यूटर जनरेशन में मैं आपको बताना चाहता हूं कि इन पांच पीढ़ियों में सिस्टम में कौन सी तकनीक का इस्तेमाल किया गया है, जिसने हमारे कंप्यूटर उद्योग में आगे के काम के लिए कंप्यूटर को बढ़ाया है। विभिन्न कंप्यूटर पीढ़ियों के विवरण के दौरान आप कई तकनीकों और कंप्यूटरों के बारे में जान पाएंगे, जिनके बारे में आप जानते होंगे कि वे ठीक से काम करने में सक्षम हैं। हालाँकि यहाँ विचार आपको पाँच पीढ़ी के कंप्यूटरों के दौरान प्रमुख विकास और प्रौद्योगिकियों का अवलोकन देने के लिए है।)

1). First generation (1942- 1955):-Vacuum tubes were used in the first generation. First generation computers were much larger in size due to the use of vacuum tubes. In the first generation punch cards were used to feed data.

(पहली पीढ़ी (1942-1955):- पहली पीढ़ी में वैक्यूम ट्यूब का इस्तेमाल किया गया था। वैक्यूम ट्यूबों के उपयोग के कारण पहली पीढ़ी के कंप्यूटर आकार में काफी बड़े थे। पहली पीढ़ी में डेटा फीड करने के लिए पंच कार्ड का इस्तेमाल किया जाता था।)

2). Second generation (1955- 1964):-Transistors were used in the second generation of computers. The transistor was invented in 1947 by John Bardeen, William Shockley and Walter Brattain. Many high-level programming languages were used in this generation (FORTRAN, ALGOL, COBOL and SNOBOL) with the help of this programming language anyone could easily work in a computer. This generation of computers, small in size, could be powerful and easily feed data.

(दूसरी पीढ़ी (1955-1964):- दूसरी पीढ़ी के कंप्यूटरों में ट्रांजिस्टर का प्रयोग किया जाता था। ट्रांजिस्टर का आविष्कार 1947 में जॉन बारडीन, विलियम शॉक्ले और वाल्टर ब्रेटन ने किया था। इस पीढ़ी (फोरट्रान, एल्गोल, कोबोल और स्नोबोल) में कई उच्च स्तरीय प्रोग्रामिंग भाषाओं का इस्तेमाल किया गया था, इस प्रोग्रामिंग भाषा की मदद से कोई भी कंप्यूटर में आसानी से काम कर सकता था। ये आकार में छोटे तथा शक्तिशाली थे और आसानी से डेटा फीड कर सकते हैं।

3). Third generation (1964- 1975):-Integrated circuits were used in the third generation of computers. It was also called IC. The transistor, resister, and capacitor were made by connecting several electronically which were attached on the silicon chip. IC was invented in 1958 by Jack ST Clair kilby and Robert noyce.

(**तीसरी पीढ़ी (1964-1975):-** तीसरी पीढ़ी के कंप्यूटरों में इंटीग्रेटेड सर्किट का इस्तेमाल किया जाता था। इसे आई.सी. भी कहा जाता था। ट्रांजिस्टर, रेजिस्टर और कैपेसिटर कई इलेक्ट्रॉनिक रूप से जोड़कर बनाए गए थे जो सिलिकॉन चिप पर जुड़े हुए थे। IC का आविष्कार 1958 में जैक एसटी क्लेयर किल्बी और रॉबर्ट नॉयस ने किया था।)

4). Fourth generation (1975- 1989):-In the fourth generation of computers, IC was doubled every year to increase its capacity. After the capacity of IC was increased, it became known as LSIC. The Internet was invented in the fourth generation of computers. Many local area networks and wide area networks were formed with the help of which we could connect many computers on a campus to a network simultaneously. In the same computer generation, many windows versions of personal computers (MS Dos, MS window and apples OS) were created.

(**चौथी पीढ़ी (1975-1989):-** चौथी पीढ़ी के कंप्यूटरों में इसकी क्षमता बढ़ाने के लिए हर साल IC को दोगुना किया जाता था। IC की क्षमता बढ़ने के बाद इसे LSIC के नाम से जाना जाने लगा। इंटरनेट का आविष्कार चौथी पीढ़ी के कंप्यूटरों में हुआ था। कई लोकल एरिया नेटवर्क और वाइड एरिया नेटवर्क बनाए गए जिनकी मदद से हम एक कैंपस में कई कंप्यूटरों को एक साथ नेटवर्क से जोड़ सकते थे। एक ही कंप्यूटर जनरेशन में पर्सनल कंप्यूटर (MS Dos, MS window और Apple OS) के कई windows version बनाए गए।)

5). Fifth generation (1989- present):-In the fifth generation of computers, LSIC change to Very Large Scale Integration Circuit (VLSIC) and it changed to Ultra Large Scale Integration Circuit (ULSIC). With the change in technology, the computer's ability to function increased in the fifth generation, computers became smaller in size. Computers can do a lot of work at one time. In the fifth generation many powerful servers and powerful supercomputers were made. Fifth generation computers can be easily moved from one place to another place such as a laptop, notebook, palmtop.

(**पांचवीं पीढ़ी (1989- वर्तमान):-** पांचवीं पीढ़ी के कंप्यूटरों में, LSIC बहुत बड़े पैमाने पर एकीकरण सर्किट (VLSIC) में बदल जाता है और यह अल्ट्रा लार्ज स्केल इंटीग्रेशन सर्किट (ULSIC) में बदल जाता है। प्रौद्योगिकी में परिवर्तन के साथ, पांचवीं पीढ़ी में कंप्यूटर की कार्य करने की क्षमता बढ़ी, कंप्यूटर आकार में छोटे हो गए। कंप्यूटर एक बार में बहुत सारे काम कर सकता है। पांचवीं पीढ़ी में कई शक्तिशाली सर्वर और शक्तिशाली सुपर कंप्यूटर बनाए गए। पांचवीं पीढ़ी के कंप्यूटरों को आसानी से एक स्थान से दूसरे स्थान ले जाया जा सकता है। जैसे लैपटॉप, नोटबुक, पाल्मटॉप)

Component of computer:-

Power switch: - Power switch is used to start the computer system and shut down suddenly the computer we press this button.

पॉवर स्विच का उपयोग कंप्यूटर सिस्टम को शुरू करने और अचानक कंप्यूटर को बंद करने के लिए किया जाता है।

Reset button: - The reset button is used to reboot the computer. If the computer is making an initialization error, you can reboot the computer using the reset button.

रीसेट बटन का उपयोग कंप्यूटर को रिबूट करने के लिए उपयोग में लाया जाता है यदि कंप्यूटर प्रारंभ होने में कोई त्रुटि कर रहा है तो रिसेट बटन का उपयोग करके कंप्यूटर को रिबूट कर सकते हैं।

CD/DVD ROM drive: - Using CD ROM or DVD rom drive play any CD/ DVD, install any CD/DVD software, play the video. It is called CD Writer.

सीडी रोम या डीवीडी रोम ड्राइव का उपयोग करके किसी भी सीडी / डीवीडी को चलाएं, किसी भी सीडी / डीवीडी सॉफ्टवेयर को स्थापित करें, वीडियो चलाएं। इसे सीडी रिटर कहते हैं।

Floppy disk: - Floppy disk is a storage device. It reads feed data inside. When you store data this time you can say input device but when you read data this time you can say output device.

फ्लॉपी डिस्क एक स्टोरेज डिवाइस है। यह अंदर फ़ीड डेटा पढ़ता है। जब आप इस बार डेटा स्टोर करेंगे तो आप इनपुट डिवाइस बाइट कह सकते हैं जब आप इस बार डेटा पढ़ेंगे तो आप आउटपुट डिवाइस कह सकते हैं।

Front USB port, Mic, headphone slot: - It is located at the front of the CPU cabinet. These slots are used to accept any USB, Mic & headphone. The Mic and headphone are called Jack slots.

यह सीपीयू कैबिनेट के सामने स्थित है। इन स्लॉट में किसी भी USB, Mic और हेड फोन्स को स्वीकार करने के लिए उपयोग किया जाता है। माइक और हेडफोन के स्लॉट को जैक स्लॉट कहा जाता है।

Indicator light: - The indicator light informs you that the system is still in the running position and you shut the computer, the indicator light is automatically off.
संकेतक प्रकाश आपको सूचित करता है कि सिस्टम अभी भी चल रहा है और आपने कंप्यूटर को बंद कर दिया है सूचक प्रकाश स्वचालित बंद है।

Power supply socket: - It is located on the back side of the CPU; it is used to supply the power to the CPU by SMPS. That reaches every part of the necessary component.
यह सीपीयू के पीछे की ओर स्थित है, यह एसएमपीएस द्वारा सीपीयू को बिजली की आपूर्ति करने के लिए उपयोग किया जाता है। यह आवश्यक घटक के हर हिस्से तक पहुँचता है।

Mouse / Keyboard socket: - This port is used to connect the keyboard and mouse with the computer system.
यह पोर्ट कंप्यूटर सिस्टम के साथ कीबोर्ड और माउस को जोड़ने के लिए उपयोग करता है।

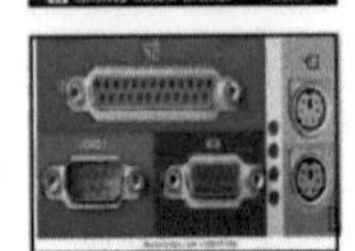

Parallel port: - This port is used to connect the printer, monitors, and connects any peripheral device with the computer system.
यह पोर्ट प्रिंटर, मॉनिटर को जोड़ने और कंप्यूटर सिस्टम के साथ किसी भी परिधीय उपकरण को जोड़ने के लिए उपयोग करता है।

Rear USB port: - It is called USB 2.0. It is used to connect USB to computer systems like: - chip, camera, pen drive, mobile phone, Wi-Fi device.
इसे **USB 2.0** कहा जाता है। इसका उपयोग **USB** को कंप्यूटर सिस्टम से जोड़ने के लिए किया जाता है जैसे: - चिप, कैमरा, पेनड्राइव, मोबाइल फ़ोन, Wi-Fi device.।

Mic and speaker Jack slot: - This slot is used to connect sound in, sound out and microphone to the computer system.
यह स्लॉट कंप्यूटर सिस्टम में साउंड इन, साउंड आउट और माइक्रोफोन को जोड़ने के लिए उपयोग किया जाता है।

Network slot:- This is used to connect any network through the network cable by modem.
इसका उपयोग मॉडेम द्वारा नेटवर्क केबल के माध्यम से किसी भी नेटवर्क को जोड़ने के लिए किया जाता है।

IEEE 13 94(fire wire):- IEEE 1394 is used to forward data to the computer in a timely manner.
IEEE 1394 का उपयोग कंप्यूटर में समय पर डेटा अग्रेषित करने के लिए किया जाता है।

Motherboard: - Motherboard is a main component of a computer system. It is made of rigid metal. It includes ram, rom, processor fan, processor chip, IC and many more.
मदरबोर्ड कंप्यूटर सिस्टम का एक मुख्य पोर्ट्रेट है। इसे कठोर धातु द्वारा बनाया जाता है। इसमें रैम, रोम, प्रोसेसर फैन, प्रोसेसर चिप, आईसी और कई अन्य शामिल हैं।

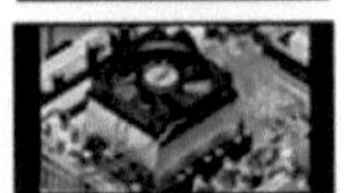

Fan: - This fan is used to vent the heat of the CPU.
सीपीयू की गर्मी को बाहर निकलने के लिए इस पंखे का उपयोग किया जाता है।

RAM: - This memory is the volatile memory; physically this memory consists of some integrated circuit board in the motherboard.
यह मेमोरी अस्थिर मेमोरी है, शारीरिक रूप से यह मेमोरी मदरबोर्ड में कुछ एकीकृत सर्किट बोर्ड में होती है।

ROM: - A special type of ROM called read only memory. Rom is a non-volatile memory chip in which data is stored permanently and can be altered by the programmer. The data stored in a Rom chip can only be read and they cannot be changed.
एक विशेष प्रकार का रोम जिसे रीड ओनली मेमोरी कहा जाता है। रोम एक गैर- अस्थिर मेमोरी चिप है जिसमें डेटा को स्थायी रूप से संग्रहीत किया जाता है और प्रोग्रामर द्वारा परिवर्तित किया जा सकता है। एक रोम चिप में संग्रहीत डेटा को केवल पढ़ा जा सकता है और उन्हें बदला नहीं जा सकता है।

Display adapter card (graphics card):- It is used to display any work done by the CPU on the monitor.
यह सीपीयू द्वारा किए गये किसी भी कार्य को मॉनिटर पर प्रदर्शित करने के लिए उपयोग किया जाता है।

Central Processing Unit: - This is also known as the brain of a computer. This is a single chip (sometimes more than one chip) located at the inside of a computer that enables to process data. It also known as a processor. The control unit and arithmetic logic unit of a computer system are jointly it called the central Processing Unit.

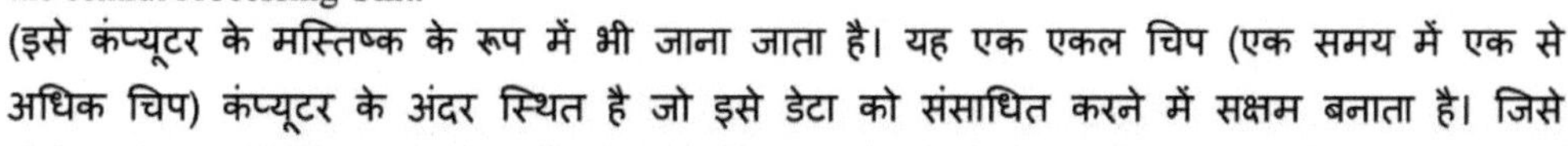

(इसे कंप्यूटर के मस्तिष्क के रूप में भी जाना जाता है। यह एक एकल चिप (एक समय में एक से अधिक चिप) कंप्यूटर के अंदर स्थित है जो इसे डेटा को संसाधित करने में सक्षम बनाता है। जिसे प्रोसेसर के रूप में भी जाना जाता है। कंप्यूटर सिस्टम की नियंत्रण इकाई और अंकगणितीय तर्क इकाई को संयुक्त रूप से केंद्रीय प्रसंस्करण इकाई के रूप में जाना जाता है।)

Arithmetic logic unit: - Arithmetic operations include addition, subtraction, multiplication, divide and table. Logical operation consists of comparing one data item to another to determine if the first data item is greater than, equal to or less than the other. Arithmetic logic units perform two types of operation, (arithmetic and logical).ALU is responsible for decision making.
(अंकगणित संचालन में जोड़, घटाव, गुणा, भाग और तालिका शामिल हैं। लॉजिकल ऑपरेशन में एक डेटा आइटम की तुलना दूसरे से करने के लिए होती है, ताकि यह निर्धारित किया जा सके कि पहला डेटा आइटम दूसरे से बराबर या उससे कम है। अंकगणित तर्क इकाई दो प्रकार के ऑपरेशन अंकगणित और तार्किक प्रदर्शन करती है। निर्णय लेने के लिएALU जिम्मेदार है।)

Control unit: - Control unit defines the work of input device, output device, arithmetic logic unit and it gives only final result. It does not send Intermediate result on output unit. It does not perform any actual processing on the data. The control unit is the central nervous system of a computer. The control unit tells the rest of the computer system how to carry out a program instruction.
(नियंत्रण इकाई इनपुट डिवाइस, आउटपुट डिवाइस, अंकगणितीय तर्क इकाई के काम को परिभाषित करती है और यह केवल अंतिम परिणाम देती है आउटपुट यूनिट पर इंटरमीडिएट परिणाम नहीं भेजती है। यह डेटा पर कोई वास्तविक प्रसंस्करण नहीं करता है। कंट्रोल यूनिट कंप्यूटर के एक केंद्रीय तंत्रिका तंत्र के रूप में है। कंट्रोल यूनिट कंप्यूटर सिस्टम के बाकी हिस्सों को बताती है कि प्रोग्राम इंस्ट्रक्शन को कैसे चलाया जाता है।)

Memory: - The memory unit can store data. It check the vocational/ dictionary word information for correct the meaning and sent data to output device. This is an area within a computer system that stores data to a processor.
मेमोरी यूनिट डेटा को स्टोर कर सकती है। यह अर्थ को सही करने के लिए व्यावसायिक/शब्दकोश शब्द की जानकारी की जांच करता है और आउटपुट डिवाइस को डेटा भेजता है। यह कंप्यूटर सिस्टम के भीतर एक ऐसा क्षेत्र है जो डेटा को प्रोसेसर में संग्रहीत करता है।

Input device: -

Instructions must enter the computer system before any computation can be performed on the supply data. This task is performed by the input unit which links the external environment with the computer system. Data and instructions enter input units in forms which depend upon the particular device used. All input devices must transform the input data into the binary code which is the primary function of computers designed to accept. Input devices give the instructions and data from the inside of computer, and convert these instructions and data into computer acceptable form.
(डेटा पर कोई गणना करने से पहले निर्देश कंप्यूटर सिस्टम में दर्ज होना चाहिए। यह कार्य इनपुट यूनिट द्वारा किया जाता है जो बाहरी वातावरण को कंप्यूटर सिस्टम से जोड़ता है। डेटा और निर्देश इनपुट इकाइयों को रूपों में दर्ज करते हैं जो उपयोग किए गए विशेष उपकरण पर निर्भर करते हैं। सभी इनपुट डिवाइसों को इनपुट डेटा को बाइनरी कोड में बदलना होगा जो कि कंप्यूटर का प्राथमिक कार्य है जिसे स्वीकार करने के लिए डिज़ाइन किया गया है। इनपुट डिवाइस कंप्यूटर के अंदर से निर्देश और डेटा देते हैं, और इन निर्देशों और डेटा को कंप्यूटर के स्वीकार्य रूप में परिवर्तित करते हैं।)

1). Keyboard: - The keyboard is an input device. It allows data into a computer system by keyboard. Keyboard is the collection of keys which are neatly mounted on a keyboard which is connected to the computer system. The most popular keyboard used the name " q w e r t y 10 %". There are two types of keyboard-
(कीबोर्ड एक इनपुट डिवाइस है। इसने कीबोर्ड द्वारा कंप्यूटर सिस्टम में डेटा की अनुमति दी। कीबोर्ड कुंजियों का संग्रह है जो बड़े करीने से एक कीबोर्ड पर लगाया जाता है जो कंप्यूटर सिस्टम से जुड़ा होता है। सबसे लोकप्रिय कीबोर्ड का नाम "q w e r t y 10%" है। कुंजी दो प्रकार के कीबोर्ड हैं-)

i) Normal keyboard: - Normal keyboard has 85-100 keys.
ii) Multimedia keyboard: - Multimedia keyboard has 135 - 140 keys.

Some important keys of a normal keyboard:-

Escape key: - This key is used to cancel any dialog box or program list.
इस कुंजी का उपयोग किसी भी बॉक्स या प्रोग्राम सूची को रद्द करने के लिए किया जाता है।

Function key: - This Key defines F1- F12 at the top of the First row in keyboard. They are used for some special operations. These keys are software dependent.
यह F1- F12 कीबोर्ड की पहली पंक्ति में सबसे ऊपर है। उनका उपयोग कुछ ऑपरेशन के लिए किया जाता है। ये कुंजी सॉफ्टवेयर आधारित है।

Tab key:-This key is used to jump on the cursor of full space.
इस कुंजी का उपयोग पूर्ण स्थान के कर्सर पर कूदने के लिए किया जाता है।

Caps lock key: - This key is present near the shift key. This key is positioned on the alphabet type capital letter and when this key is off position then the alphabet type small letter.
यह कुंजी शिफ्ट कुंजी के पास मौजूद है। यह कुंजी वर्णमाला प्रकार के बड़े अक्षर की स्थिति में है और जब यह कुंजी बंद हो जाती है तो वर्णमाला का छोटा अक्षर।

Shift key: - This key is present near the ctrl key. This key is used to make capital letters.
यह कुंजी ctrl कुंजी के पास मौजूद है। इस कुंजी का उपयोग बड़े अक्षर बनाने के लिए किया जाता है।

Ctrl / Alt key:-This key is also in conjunction with other keys. This key is pressed with another key. It is used for special operations.
यह कुंजी अन्य कुंजियों को भी जोड़ती है। इस कुंजी को अन्य कुंजी के साथ दबाया जाता है। यह विशेष ऑपरेशन के लिए उपयोग किया जाने वाला उपयोगकर्ता है।

Backspace key: - This key is used to erase a character to the right of the cursor when you press the backspace key the cursor moves back one space and erases the character.
इस कुंजी का उपयोग कर्सर के दाईं ओर एक अक्षर को मिटाने के लिए किया जाता है जब आप बैकस्पेस कुंजी दबाते हैं तो कर्सर एक स्थान को पीछे ले जाता है और अक्षर को मिटा देता है।

Delete key: - This key is used to erase a character to the left when you press the delete key the cursor moves for one space and erases the matter or chapter.
जब आप एक स्थान के लिए कर्सर ले जाते हैं और कुंजी या अध्याय को मिटाते हैं, तो कुंजी को बाईं ओर किसी वर्ण को मिटाने के लिए इस कुंजी का उपयोग किया जाता है।

Home key: - This key is use to move the cursor start on the current line.
इस कुंजी की सहायता से हम कर्सर को चालू लाइन पर शुरू कर सकते हैं।

End key: - This key is use to move the cursor to the last point position on the current line.
इस कुंजी की सहायता से हम कर्सर को वर्तमान रेखा पर अंतिम बिंदु स्थिति में ले जा सकते हैं।

Page up key: - This key is used to jump on the page on the upper side.
इस कुंजी का उपयोग ऊपरी तरफ पृष्ठ पर जाने के लिए किया जाता है।

Page down key: - This key is used to jump on the page on the down side.
इस कुंजी का उपयोग पृष्ठ पर नीचे की ओर जाने के लिए किया जाता है।

Arrow key: - There are four keys on the right hand side of the keyboard. This key is used to move the cursor up, down, left, and right. It is also called the cursor control key.
कीबोर्ड के दाहिने हाथ में चार कुंजी हैं। इस कुंजी का उपयोग कर्सर को ऊपर, नीचे, बाएं, दाएं तरफ करने के लिए किया जाता है। इसे कर्सर नियंत्रण कुंजी भी कहा जाता है।

Window key: - This key is used to open the start button.
इस कुंजी का उपयोग स्टार्ट बटन को खोलने के लिए किया जाता है।

Properties key: - This key is used to see the list of information for a program.
प्रोग्राम के लिए सूचना की सूची देखने के लिए इस कुंजी का उपयोग किया जाता है।

Enter key: - It is also known as the return key. The most important key on the keyboard is to tell the computer that the instructions for data being typed are complete and the computer puts the information in the memory.
इसे रिटर्न की के रूप में भी जाना जाता है। यह कीबोर्ड पर सबसे महत्वपूर्ण कुंजी है यह कंप्यूटर को बताता है कि डेटा टाइप होने का निर्देश पूरा हो गया है कंप्यूटर जानकारी को मेमोरी में डालता है।

2). Mouse: - The mouse is the most popular pointing and drawing device. It is a GUI based user interface. A mouse is a small handheld device that the user can comfortably fit in the user Palm. It has three buttons at the top (left, right, scroll buttons). The cable connects the mouse to the computer. When moving the mouse, the pointer move across the screen.

(माउस सबसे लोकप्रिय पॉइंटिंग और ड्रॉ डिवाइस है। यह व्यक्तिगत कंप्यूटर और कार्य स्टेशनों पर इनपुट डिवाइस होना चाहिए। GUI आधारित उपयोगकर्ता इंटरफ़ेस कौन सा है। एक माउस एक छोटा हैंडहेल्ड डिवाइस है जो उपयोगकर्ता पाम में आराम से फिट हो सकता है। इसके शीर्ष पर तीन बटन हैं (बाएं, दाएं, स्क्रॉल बटन)। केबल माउस को कंप्यूटर से जोड़ता है। जब माउस को चलाते हैं तो स्क्रीन पर कर्सर चलता है।)

3). Joystick: - It is a pointing device which works on the same principle as a trackball to make the movement of the spherical ball. The spherical ball in a circuit has a stick mounted on it. It is used for playing colored video games, light simulators, training simulators and controlling industrial robots. It is used in electric power houses, JCB machines, and any vehicle for a gear system.

(यह एक पॉइंटिंग डिवाइस है जो गोलाकार गेंद की गति करने के लिए ट्रैकबॉल के समान सिद्धांत पर काम करता है। एक परिपथ में गोलाकार गेंद पर एक छड़ी लगी होती है। इसका उपयोग रंगीन वीडियो गेम, लाइट सिमुलेटर, प्रशिक्षण सिमुलेटर और औद्योगिक रोबोट को नियंत्रित करने के लिए किया जाता है। इसका उपयोग बिजली घरों, जेसीबी मशीनों और गियर सिस्टम के लिए किसी भी वाहन में किया जाता है।)

4). Light pen: - A light pen is a pointing device and it called an electronic pen. In a pen-based system you hold the pen in your hand and directly touch the screen to select menu items, draw images, and draw graphics on the screen with it. A special screen pad for direct input of the written information to the system jointly in a light pen.

(लाइट पेन एक पॉइंटिंग डिवाइस है और इसे इलेक्ट्रॉनिक पेन कहा जाता है। पेन-आधारित प्रणाली में आप अपने हाथ में पेन रखते हैं और मेनू आइटम का चयन करने के लिए स्क्रीन को सीधे स्पर्श करते हैं,

चित्र बनाते हैं, और इसके साथ स्क्रीन पर ग्राफिक्स बनाते हैं। एक लाइट पेन में संयुक्त रूप से सिस्टम को लिखित सूचना के सीधे इनपुट के लिए एक विशेष स्क्रीन पैड।)

5). Scanner: - Scanner is an input device which translates paper documents into an electronic format which can be stored in a computer. This input device has been found to be very useful for preserving paper documents in electronic format.
(स्कैनर एक इनपुट डिवाइस है जो कागज के दस्तावेजों को एक इलेक्ट्रॉनिक प्रारूप में अनुवादित करता है जिसे कंप्यूटर में संग्रहीत किया जा सकता है। यह इनपुट डिवाइस इलेक्ट्रॉनिक प्रारूप में कागज के दस्तावेजों को संरक्षित करने के लिए बहुत उपयोगी पाया गया है।)

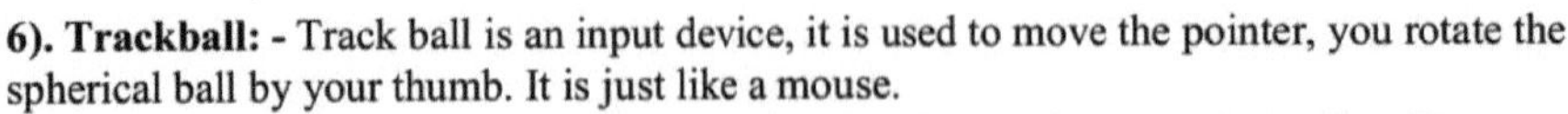

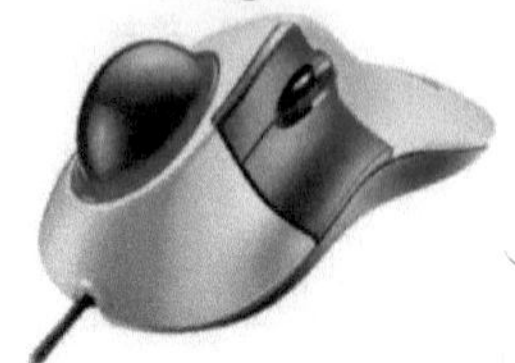

6). Trackball: - Track ball is an input device, it is used to move the pointer, you rotate the spherical ball by your thumb. It is just like a mouse.
(ट्रैक बॉल एक इनपुट डिवाइस है, इसका इस्तेमाल पॉइंटर को मूव करने के लिए किया जाता है, आप गोलाकार बॉल को अपने अंगूठे से घुमाते हैं। यह बिल्कुल एक माउस की तरह है।)

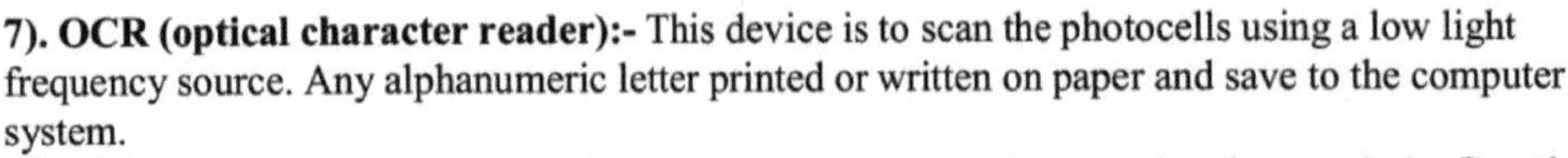

7). OCR (optical character reader):- This device is to scan the photocells using a low light frequency source. Any alphanumeric letter printed or written on paper and save to the computer system.
(यह उपकरण कम प्रकाश आवृत्ति स्रोत का उपयोग करके फोटोकल्स को स्कैन करने के लिए है। कागज पर छपा या लिखा हुआ कोई भी अक्षरांकीय अक्षर को कंप्यूटर सिस्टम में सहेजना।)

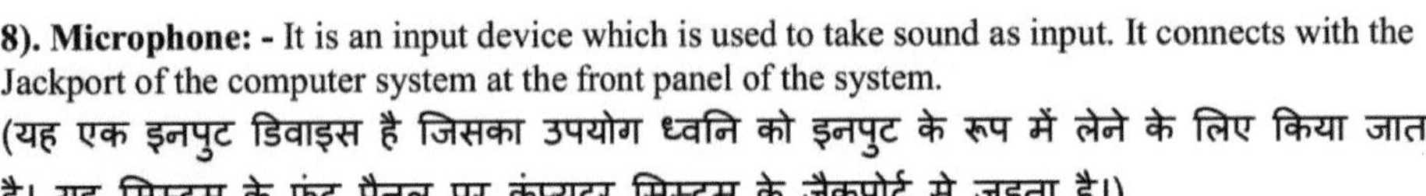

8). Microphone: - It is an input device which is used to take sound as input. It connects with the Jackport of the computer system at the front panel of the system.
(यह एक इनपुट डिवाइस है जिसका उपयोग ध्वनि को इनपुट के रूप में लेने के लिए किया जाता है। यह सिस्टम के फ्रंट पैनल पर कंप्यूटर सिस्टम के जैकपोर्ट से जुड़ता है।)

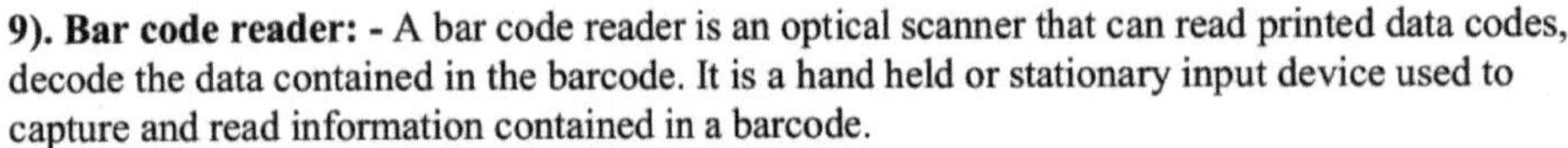

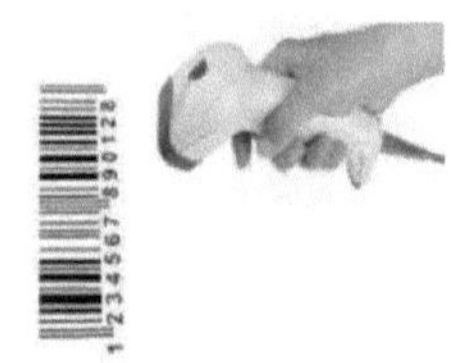

9). Bar code reader: - A bar code reader is an optical scanner that can read printed data codes, decode the data contained in the barcode. It is a hand held or stationary input device used to capture and read information contained in a barcode.
(बार कोड रीडर एक ऑप्टिकल स्कैनर है जो मुद्रित डेटा कोड पढ़ सकता है, बारकोड में निहित डेटा को डीकोड कर सकता है। यह एक हैंड हेल्ड या स्थिर इनपुट डिवाइस है जिसका उपयोग बारकोड में निहित जानकारी को पढ़ने के लिए किया जाता है।)

10). MICR (magnetic ink character reader / recognizer):- MICR machine recognition of numeric data printed with magnetically charged ink. It is used to bank checks and deposite slips. It detect the characters and convert them into digital data.
(चुंबकीय स्याही से मुद्रित संख्यात्मक डेटा की MICR मशीन पहचान। इसका उपयोग बैंक चेक और जमा पर्ची के लिए किया जाता है। यह पात्रों का पता लगाता है और उन्हें डिजिटल डेटा में परिवर्तित करता है।)

<u>Output device: -</u>
Output device is just the reverse of the input device. It gives results in hard copy or soft copy output. Output devices give data outside; this task is accomplished by units called output interface.
(आउटपुट डिवाइस इनपुट डिवाइस के ठीक विपरीत होता है। यह हार्ड कॉपी या सॉफ्ट कॉपी आउटपुट में परिणाम देता है। आउटपुट डिवाइस बाहर डेटा देते हैं; यह कार्य आउटपुट इंटरफ़ेस नामक इकाइयों द्वारा पूरा किया जाता है।)

1). Monitor [VDU (visual display unit)]:- Monitor is the most popular output device for producing soft copy output. It displays generated output like television screen.
(सॉफ्ट कॉपी आउटपुट के उत्पादन के लिए मॉनिटर सबसे लोकप्रिय आउटपुट डिवाइस है। यह टेलीविजन स्क्रीन की तरह उत्पन्न आउटपुट प्रदर्शित करता है।)

CRT (cathode ray tube):- This is a screen television where the result of a computer is displayed. In this technology cathode-ray Falls on the CRT tube and makes an image on the screen, selecting rays reflecting rays make a picture. There are two types of CRT-
(यह स्क्रीन टेलीविज़न पर कंप्यूटर का परिणाम प्रदर्शित होता है। इस तकनीक में CRT ट्यूब से कैथोड-रे फॉल्स और स्क्रीन पर छवि बनाते हैं और किरणों का चयन करते हुए किरणें चित्र बनाती

हैं। CRT दो प्रकार के होते हैं-)

Monochrome: - Monochrome is a black and white.
(मोनोक्रोम डिस्प्ले ब्लैक एंड व्हाइट है।)
Color: - It displays an image in color because its RGB Color rays picture.
(यह रंगीन में छवि प्रदर्शित करता है क्योंकि इसकी **RGB** रंग किरणें चित्र बनाती हैं।)

LCD (liquid crystal display):- Its VDU (Visual Display Unit) is thin, flat and light modulating Technology. There are two types:
1. TFT (thin film transistor) **2. LED (light emitting diode)**

2). Printer: - Printers are used worldwide to obtain hard copy output. There are several types which are given below:-
i). Impact printer: - Impact printers are non-electric printers. This printer prints the letters on any page by pressing on the ink ribbon. Its letters pins made of any metal or plastic. These printers give very slow, cheap and poor quality output.

(इंपैक्ट प्रिंटर नॉन इलेक्ट्रिसिटी प्रिंटर होते हैं। यह प्रिंटर इंक रिबन पर जोर से दबाने पर किसी भी पेज पर अक्षरों को छापता है। इसके अक्षरों पर किसी धातु या प्लास्टिक के बने हुए पिन होते हैं । यह प्रिंटर बहुत ही धीमी ,सस्ते और खराब गुणवत्ता का आउटपुट देते हैं ।)

A). Dot Matrix printer: - Dot matrix printers are also called character printers. It uses a dot to write a word on any page. Many dots meet a word together and it acts exactly like a typewriter. They make a lot of noise.
(डॉट मैट्रिक्स प्रिंटर को कैरेक्टर प्रिंटर भी कहा जाता है। यह किसी भी पेज पर कोई शब्द लिखने के लिए डॉट का यूज करता है । कई सारे डॉट्स मिलकर एक शब्द को पूरा करते हैं यह बिल्कुल टाइपराइटर के जैसे कार्य करता है। यह बहुत ज्यादा शोर मचाते हैं।)

ii). Non impact printer: - Non-impact printers is used the latest technology. It does not use ink ribbons or pins to write any letters.
(नॉन इंपैक्ट प्रिंटर नवीनतम टेक्नोलॉजी पर निर्भर है। इसमें किसी भी अक्षरों को लिखने के लिए इंक रिबन या पिन का उपयोग नहीं होता है।)

A). Inkjet printer: - Inkjet printers are also called line printers. It prints any document after reading the waves on magnetic plates. The printout quality of this printer is very good. It prints about 300 DPI at a time.
(इंकजेट प्रिंटर को लाइन प्रिंटर भी कहा जाता है। यह मैग्नेटिक प्लेट्स पर तरंगे पढ़ने के बाद किसी भी डॉक्यूमेंट को प्रिंट करती हैं। इस प्रिंटर की प्रिंटआउट गुणवत्ता बहुत अच्छी होती है। यह लगभग 300 DPI एक बार में प्रिंट करती है।)

B). Laser printer: - The latest technology has been used in laser printers. It captures a photo of any document and then sends it to the cylindrical drum or photoreceptor so that when the paper passes through that photoreceptor, it captures the captured image Prints on the page. Laser printers provide high quality printouts. There are two types of this. The low speed laser printer gives 1 to 12 page printouts at a time. The high speed laser printer gives 500 to 1000 page output.

(लेजर प्रिंटर में नवीनतम टेक्नोलॉजी का उपयोग किया गया है ।यह किसी भी डॉक्यूमेंट की एक फोटो कैप्चर करता है और फिर उसको सिलैंडरिकल ड्रम पर या फोटोरिसेप्टर पर भेज देता है जिससे जब वह पेपर उस फोटोरिसेप्टर से गुजरता है तो वह कैप्चर की हुई इमेज को उस पेज पर प्रिंट कर देता है । लेजर प्रिंटर उच्च गुणवत्ता का प्रिंटआउट देता है। यह दो प्रकार के होते हैं। लो स्पीड लेजर प्रिंटर एक बार में 1 से 12 पेज प्रिंटआउट देता है और हाई स्पीड लेजर प्रिंटर 500 से 1000 पेज आउटपुट देता है।)

C). Plotter printer: - The plotter is an output device. It is used to fabricate graphical output on paper. It uses single and multi-color pens to draw pictures as a blueprint. Plotter is used to print the map and architecture. It is used in engineering applications. The two commonly used types of plotter are drum plotter and Flatbed plotter.
(प्लॉटर एक आउटपुट डिवाइस है। इसका इस्तेमाल पेपर पर ग्राफिकल आउटपुट बनाने के लिए किया जाता है। यह ब्लूप्रिंट के रूप में चित्र बनाने के लिए सिंगल और मल्टी कलर पेन का उपयोग करता है। प्लॉटर का इस्तेमाल मैप और आर्किटेक्चर को प्रिंट करने के लिए किया जाता है। इसका उपयोग इंजीनियरिंग अनुप्रयोगों में किया जाता है। आमतौर पर इस्तेमाल किए जाने वाले दो प्रकार के प्लॉटर ड्रम प्लॉटर और फ्लैटबेड प्लॉटर हैं।)

i). Drum plotter: - In a drum plotter printer the design paper is placed on top of the drum Which can rotate both clockwise and anticlockwise to produce vertical motion. The apparatus consists of one or more pen holder's perpendicular to the drum surface. Each pen is a program in which selective pens with different color inks can be placed in a separate holder to produce a multi-color design.
(ड्रम प्लॉटर प्रिंटर में डिजाइन कागज को ड्रम के ऊपर रखा जाता है। जो ऊर्ध्वाधर गति उत्पन्न करने के लिए घड़ी की दिशा में और एंटीक्लॉकवाइज दोनों दिशाओं में घूम सकता है। तंत्र में ड्रम सतह पर लंबवत एक या एक से अधिक पेन धारक होते हैं। प्रत्येक पेन एक प्रोग्राम है जिसमें विभिन्न रंगों की स्याही वाले चयनशील पेन को मल्टी कलर डिज़ाइन का उत्पादन करने के लिए अलग-अलग धारक में रखा जा सकता है।)

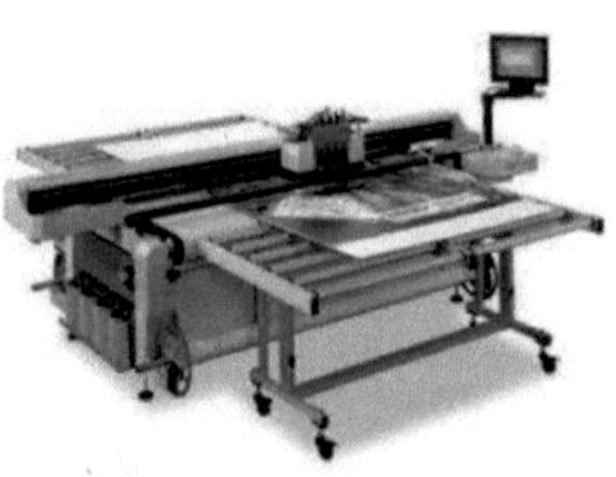

ii). Flatbed plotter: - The pen holding mechanism design is to provide all kinds of motions needed to create complex designs and graphs. A flatbed plotter is a paper design or graph sheet and fixed on a rectangular flatbed table. Paper does not usually move in this type of printer.
(जटिल डिजाइन और रेखांकन बनाने के लिए आवश्यक सभी प्रकार की गतियों को प्रदान करने के लिए पेन होल्डिंग मैकेनिज्म डिजाइन है।एक फ्लैटबॉट प्लॉटर जो कागज के डिज़ाइन या ग्राफ शीट में होता है और एक आयताकार फ्लैटबेड टेबल पर फिक्स होता है। इस प्रकार के प्रिंटर में सामान्यतया कागज नहीं हिलता है।)

3). Projector: - A Projector is an output device that projects an image onto a large surface, such as a white screen or wall. It may be used an alternative to a monitor or T.V. When showing video or image to a large group of people.
(प्रोजेक्टर एक आउटपुट डिवाइस है जो एक बड़ी सतह पर एक छवि को प्रोजेक्ट करता है, जैसे कि सफेद स्क्रीन या दीवार। लोगों के बड़े समूह को वीडियो या छवि दिखाते समय इसका उपयोग मॉनिटर या टीवी के विकल्प के रूप में किया जा सकता है।)

4). Speaker: - The speaker is an output device, it are transducers that convert electromagnetic waves into sound waves.which is used to listen to the sound as an output. In multimedia applications it is used to play or listen to sound or music.
(स्पीकर एक आउटपुट डिवाइस है, यह ट्रांसड्यूसर हैं जो विद्युत चुम्बकीय तरंगों को ध्वनि तरंगों में परिवर्तित करते हैं। जिसका उपयोग ध्वनि को आउटपुट के रूप में सुनने के लिए किया जाता है। मल्टीमीडिया अनुप्रयोगों में इसका उपयोग ध्वनि या संगीत को चलाने या सुनने के लिए किया जाता है।)

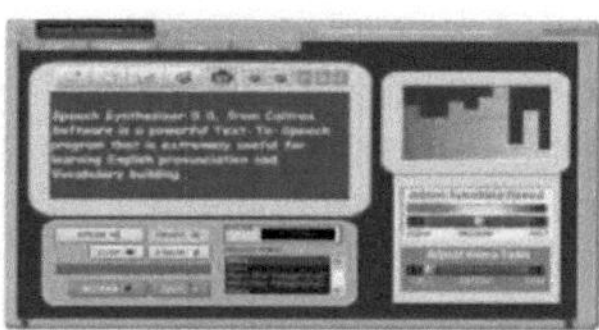

5). Speech synthesizer: - The speech synthesizer converts spoken words into sentences. This device combines a basic sound unit called phonemes to produce speech.
(स्पीच सिंथेसाइज़र बोले गए शब्दो को वाक्यों में परिवर्तित करता है। वाणी का निर्माण करने के लिए ये उपकरण बुनियादी ध्वनि इकाई को संयोजित करता है जिसे फोनीमेस कहा जाता है।)

Storage device: -
The data and instructions which are entered into the computer system through the input unit have to be stored inside the computer before the actual processing starts, similar to the result produced by the computer after processing. Must also be kept somewhere inside the computer system before being passed on to the output unit. There are two types-
(डेटा और निर्देश जो इनपुट यूनिट के माध्यम से कंप्यूटर सिस्टम में दर्ज किए जाते हैं, उन्हें वास्तविक प्रोसेसिंग शुरू होने से पहले कंप्यूटर के अंदर स्टोर करना होता है, जैसा कि प्रोसेसिंग के बाद कंप्यूटर द्वारा उत्पादित परिणाम के समान होता है। आउटपुट यूनिट को पास करने से पहले इसे कंप्यूटर सिस्टम के अंदर कहीं रखा जाना चाहिए। दो प्रकार के होते हैं-)

1). Primary memory (main memory):-

RAM (Random Access Memory):-It usually means the volatile RAM memory. Physically this memory consists of some Integrated circuit chip on the motherboard or small circuit board attached to the motherboard. A computer's motherboard is designed in a manner its memory capacity can be easily enhanced by adding more memory chips. The additional RAM chips which plug into a special socket on the motherboard are also single inline memory modules (SIMMs).
(RAM (रैंडम एक्सेस मेमोरी):- इसका आमतौर पर मतलब वोलेटाइल रैम मेमोरी से होता है। भौतिक रूप से इस मेमोरी में मदरबोर्ड पर कुछ इंटीग्रेटेड सर्किट चिप या मदरबोर्ड से जुड़े छोटे सर्किट बोर्ड होते हैं। कंप्यूटर के मदरबोर्ड को इस तरह से डिज़ाइन किया गया है कि अधिक मेमोरी चिप्स जोड़कर इसकी मेमोरी क्षमता को आसानी से बढ़ाया जा सकता है। अतिरिक्त रैम चिप्स जो मदरबोर्ड पर एक विशेष सॉकेट में प्लग करते हैं, वे भी सिंगल इनलाइन मेमोरी मॉड्यूल (एसआईएमएम) हैं।)

ROM (Read Only Memory):- A special type of ROM called read only memory is a non-volatile memory chip in which data is stored permanently and can be changed by the programmer. In fact the data is stored permanently in this type of memory. Because the data in such memory is stored using fused links. The data stored in the ROM chip can only be read.
(ROM (रीड ओनली मेमोरी):- एक विशेष प्रकार का ROM जिसे रीड ओनली मेमोरी कहा जाता है, एक नॉन-वोलेटाइल मेमोरी चिप है जिसमें डेटा स्थायी रूप से संग्रहीत होता है और प्रोग्रामर द्वारा बदला जा सकता है। वास्तव में इस प्रकार की मेमोरी में डेटा स्थायी रूप से संग्रहीत होता है। क्योंकि ऐसी मेमोरी में डेटा फ्यूज़्ड लिंक्स का उपयोग करके स्टोर किया जाता है। ROM चिप में स्टोर किए गए डेटा को केवल पढ़ा जा सकता है।)

Programmable read only memory (PROM):- A PROM is a memory chip on which data can be written only once. Once the user programs are stored in a PROM, cheap can usually be executed in a fraction of the time previously required. PROM is also non volatile storage. The difference between a PROM and a ROM is that a PROM is manufactured as blank memory where a ROM is programmed during the manufacturing process.
(प्रोग्रामेबल रीड ओनली मेमोरी (PROM):- PROM एक मेमोरी चिप है जिस पर डेटा केवल एक बार लिखा जा सकता है। एक बार जब उपयोगकर्ता प्रोग्राम PROM में संग्रहीत हो जाते हैं, तो सस्ते को आमतौर पर पहले आवश्यक समय के एक अंश में निष्पादित किया जा सकता है। PROM भी नॉन वोलेटाइल स्टोरेज है। एक PROM और एक ROM के बीच का अंतर यह है कि एक PROM को ब्लैंक मेमोरी के रूप में निर्मित किया जाता है जहाँ एक ROM को निर्माण प्रक्रिया के दौरान प्रोग्राम किया जाता है।)

Erasable Programmable read only memory (EPROM):- There is another type of memory chip card erasable Programmable read only memory (EPROM). As the name implies it is possible to erase information stored in an EPROM chip. When an EPROM in information is stored, it calls only what we read and the information remains until it is erased.

(इरेज़ेबल प्रोग्रामेबल रीड ओनली मेमोरी (EPROM):- एक अन्य प्रकार का मेमोरी चिप कार्ड इरेज़ेबल प्रोग्रामेबल रीड ओनली मेमोरी (EPROM) है। जैसा कि नाम से ही स्पष्ट है कि EPROM चिप में संग्रहीत जानकारी को मिटाना संभव है। जब सूचना में एक EPROM संग्रहीत किया जाता है, तो यह केवल वही कहता है जो हम पढ़ते हैं और जानकारी तब तक बनी रहती है जब तक कि इसे मिटा नहीं दिया जाता।)

ElectronicallyErasable Programmable read only memory (EEPROM):- This memory can be erased and reprogrammed (written to) repeatedly through the application of higher than normal electrical voltage.

(इलेक्ट्रॉनिकली इरेज़ेबल प्रोग्रामेबल रीड ओनली मेमोरी (**EEPROM**): - इस मेमोरी को सामान्य से अधिक विद्युत वोल्टेज के अनुप्रयोग के माध्यम से बार-बार मिटाया और पुन: प्रोग्राम (लिखा) जा सकता है।)

Cache memory: - It acts as a high speed buffer between CPU and main memory and is used to temporarily store very active data and instructions during processing. Since the cache memory is faster than main memory, the processing speed is increased by making data and instructions needed in current processing available in the cache.

(यह सीपीयू और मुख्य मेमोरी के बीच एक उच्च गति बफर के रूप में कार्य करता है और प्रसंस्करण के दौरान अस्थायी रूप से बहुत सक्रिय डेटा और निर्देशों को संग्रहीत करने के लिए उपयोग किया जाता है। चूंकि कैशे मेमोरी मुख्य मेमोरी की तुलना में तेज होती है, इसलिए कैश में मौजूदा प्रोसेसिंग में आवश्यक डेटा और निर्देश उपलब्ध कराकर प्रोसेसिंग की गति बढ़ाई जाती है।)

2). Secondary memory (magnetic memory):-

Floppy disk: - Floppy disk is a round flat piece of flexible plastic magnetic oxide. It is covered in a square plastic or vinyl jacket cover. Floppy disks are called because they are made of flexible plastic plates, which can bend, not hard plates. They are known as floppies or diskettes. They were introduced by IBM in 1972 and are being produced in various sizes and capacities by many manufacturers. Floppy disks are very cheap compared to other secondary storage devices.Its size 3.5, 5.25 inch and capacity 1.44 MB.

(फ्लॉपी डिस्क लचीले प्लास्टिक चुंबकीय ऑक्साइड का एक गोल सपाट टुकड़ा है। यह एक चौकोर प्लास्टिक या विनाइल जैकेट कवर में कवर किया गया है। फ्लॉपी डिस्क लचीली प्लास्टिक की प्लेटों से बनी होती हैं, जो झुक सकती हैं, सख्त प्लेट नहीं हैं। उन्हें फ्लॉपी या डिस्केट के रूप में जाना जाता है। वे 1972 में आईबीएम द्वारा पेश किए गए थे और कई निर्माताओं द्वारा विभिन्न आकारों और क्षमताओं में उत्पादित किए जा रहे हैं। अन्य सेकेंडरी स्टोरेज डिवाइस की तुलना में फ्लॉपी डिस्क बहुत सस्ते होते हैं। इसका आकार 3.5, 5.25 इंच और क्षमता 1.44 एमबी है।)

Hard disk: - Hard disk is the primary and secondary storage device for most computer systems today. Unlike floppy disks which are made of flexible plastic or Mylar, hard disks are made of rigid metal (frequently aluminum). The hard disk platters come in many sizes ranging from 1 to 14 inch diameter. Hard disks are normally agreed into the following three parts-

(हार्ड डिस्क आज अधिकांश कंप्यूटर सिस्टम के लिए प्राथमिक और द्वितीयक स्टोरेज डिवाइस है। फ्लॉपी डिस्क के विपरीत जो लचीले प्लास्टिक या माइलर से बने होते हैं, हार्ड डिस्क कठोर धातु (अक्सर एल्यूमीनियम) से बने होते हैं। हार्ड डिस्क प्लेटर्स 1 से 14 इंच व्यास के कई आकारों में आते हैं। हार्ड डिस्क को आम तौर पर निम्नलिखित तीन भागों में माना जाता है-)

Zip/ Bernoulli disk: - A single hard disk platter encased in a plastic pack. A commonly used zip disk of 3 1/2 inch size has a storage capacity of about 100MB, depending on the formatting style used by a particular computer system.
(एक हार्ड डिस्क प्लेटर एक प्लास्टिक पैक में संलग्न है। एक सामान्य रूप से उपयोग की जाने वाली ज़िप डिस्क 3 1/2 इंच आकार की होती है जिसमें स्टोरेज क्षमता 100 एमबी होती है, जो किसी विशेष कंप्यूटर प्रणाली द्वारा उपयोग की जाने वाली प्रारूपण शैली पर निर्भर करती है।)

Disk packs: - A disk pack consists of multiple hard disk platters mounted on a single Central shaft. All the discs of a disc pack revolved together at the same speed. Different disk packs can be mounted on the same disc pack drive at different instants of time. This gives virtually unlimited storage capacity to the disk packs.
((एक डिस्क पैक में एक सिंगल सेंट्रल शाफ्ट पर माउंट किए गए कई हार्ड डिस्क प्लैटर होते हैं। एक डिस्क पैक के सभी डिस्क एक ही गति से एक साथ घूमते थे। अलग-अलग डिस्क पैक समय के विभिन्न इंस्टेंट पर एक ही डिस्क पैक ड्राइव पर लगाए जा सकते हैं। यह डिस्क पैक के लिए लगभग असीमित भंडारण क्षमता देता है।)

Winchester disk: - A Winchester disk also consists of multiple hard disk platters mounted on a single Central shaft. Winchester disk is so named after the 30-30 Winchester rifle, because the early Winchester disc system had a 30 MB disc shielded together with the disk drive.
(विनचेस्टर डिस्क में एक सिंगल सेंट्रल शाफ्ट पर माउंट किए गए कई हार्ड डिस्क प्लैटर भी होते हैं। विनचेस्टर डिस्क को 30-30 विनचेस्टर राइफल के नाम से जाना जाता है, क्योंकि शुरुआती विनचेस्टर डिस्क सिस्टम में डिस्क ड्राइव के साथ 30 एमबी डिस्क को एक साथ ढाल दिया गया था।)

Optical disk: - As compared to Magnetic tape and magnetic disk, optical disk is a relatively new secondary storage medium. An optical disk storage system consists of a rotating disk which is coated with a thin metal or some other material that is highly reflective. Laser beam technology is used for recording and reading of data on the disk.
(चुंबकीय टेप और चुंबकीय डिस्क की तुलना में, ऑप्टिकल डिस्क एक अपेक्षाकृत नया माध्यमिक भंडारण माध्यम है। एक ऑप्टिकल डिस्क स्टोरेज सिस्टम में एक घूर्णन डिस्क होता है। जो एक पतली धातु या कुछ अन्य सामग्री के साथ लेपित है जो कि इशेलेली रिफ्लेक्टिव है? लेजर बीम तकनीक का उपयोग डिस्क पर डेटा की रिकॉर्डिंग और रीडिंग के लिए किया जाता है।)

CD-ROM:- (Compact Disc Read Only Memory). It is a spin-off music CD technology and works much like the music CDs used in music systems. The CD ROM disc is a shiny, silver color metal disc of 5 1/4 inch (12 cm) diameter. It has a storage capacity of about 650 MB.
(कॉम्पैक्ट डिस्क के लिए सीडी रोम स्टैंड केवल मेमोरी पढ़ें। यह एक म्यूजिक सीडी टेक्नॉलॉजी है, जो म्यूजिक सिस्टम में इस्तेमाल की जाने वाली म्यूजिक सीडी की तरह काम करती है। सीडी रोम डिस्क 5 1/4 इंच (12 सेमी) व्यास का एक चमकदार, चांदी के रंग का धातु डिस्क है। इसमें स्टोरेज क्षमता लगभग 650 मेगाबाइट है।)

Compact disk: - Compact disks are both input and output devices. When you will store permanent data at this time you can say input device but when you read data from compact disk at this time you can say output device. The capacity of the compact disc is 700 MB and runs 80 minute.
(कॉम्पैक्ट डिस्क टाइप इनपुट और आउटपुट डिवाइस दोनों है। जब आप इस समय स्थायी डेटा संग्रहीत करेंगे तो आप इनपुट डिवाइस कह सकते हैं लेकिन जब आप इस समय कॉम्पैक्ट डिस्क से डेटा पढ़ते हैं तो आप आउटपुट डिवाइस देख सकते हैं। कॉम्पैक्ट डिस्क की क्षमता 700 एमबी है और 80 मिनट तक चलती है।)

DVD (digital video disk):- It is even known as a digital versatile disk. Its mass storage disk comes normally up to 4.7 GB and in special cases it comes even up to 45 to 50 GB. This uses digital technology to store data in con-sized form. DVD cannot be read or accessed by a CD ROM drive because it has pits.

(यह भी डिजिटल डिस्क के रूप में जाना जाता है। यह मास स्टोरेज डिस्क सामान्य रूप से 4.7 जीबी तक आती है और विशेष मामलों में यह 45 से 50 जीबी तक भी आती है। यह डाटा को स्टोर करने के लिए डिजिटल तकनीक का उपयोग करता है। DVDcannot को CD ROM ड्राइव के रूप में पढ़ा या एक्सेस किया जा सकता है क्योंकि इसमें पिट्स हैं।)

USB thumb drive: - USB thumb drive normally known as flash drive or pen drive is used to store bulk data as its capacity. They are small in size USB face easy portable to be used anywhere in any computer. This is little faster comparatively. This is plug and play device which you do insert in the USB port of computer, do the data transaction and removed from that computer and can use it to other one that's why most of time it is even done as data traveler or transfer.

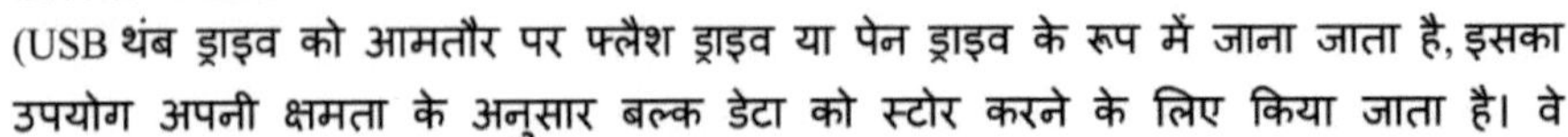

(USB थंब ड्राइव को आमतौर पर फ्लैश ड्राइव या पेन ड्राइव के रूप में जाना जाता है, इसका उपयोग अपनी क्षमता के अनुसार बल्क डेटा को स्टोर करने के लिए किया जाता है। वे आकार में छोटे होते हैं यूएसबी आसान पोर्टेबल किसी भी कंप्यूटर का उपयोग किया जा सकता है। यह तुलनात्मक रूप से थोड़ा तेज है। यह प्लग एंड प्ले डिवाइस है, जिसे आप कंप्यूटर के inUSB पोर्ट में डालते हैं, डेटा ट्रांजेक्शन करते हैं और उस कंप्यूटर से हटा दिया जाता है और इसे दूसरे को इस्तेमाल कर सकते हैं, इसीलिए ज्यादातर समय इसे डेटा ट्रैवलर के रूप में भी किया जाता है।)

Computer language: -

The language is a means of communication. Programming language has progressed from machine oriented language. Which use string of binary 0 and 1 to problem oriented language, which use common mathematical and English term all computer language can be broadly classified into the following three categories:-

(भाषा संचार का एक साधन है। प्रोग्रामिंग भाषा मशीन उन्मुख भाषा से आगे बढ़ी है। द्विआधारी 0 और 1 की स्ट्रिंग का उपयोग समस्या उन्मुख भाषा में करते हैं, जो सामान्य गणितीय और अंग्रेजी शब्द का उपयोग करते हैं। सभी कंप्यूटरों को मोटे तौर पर निम्नलिखित तीन श्रेणियों में वर्गीकृत किया जा सकता है-)

Machine language: - Computers can be programmed to understand many different languages. There is only one language understood by the computer without using a translating program. The machine language of a computer is normally written as a string of binary 0 and 1.

(कंप्यूटर को बहुत अलग भाषा समझने के लिए प्रोग्राम किया जा सकता है। अनुवाद कार्यक्रम का उपयोग किए बिना कंप्यूटर द्वारा केवल एक भाषा समझी जाती है। कंप्यूटर की मशीनी भाषा को आमतौर पर बाइनरी 0 और 1 के स्ट्रिंग के रूप में लिखा जाता है।)

Assembly language: - Assembly language programming which was introduced in 1952 help in overcoming the above listed limitations of machine language programming in the following manner-

(असेंबली भाषा प्रोग्रामिंग जो 1952 में शुरू की गई थी, मशीन भाषा प्रोग्रामिंग की उपरोक्त सूचीबद्ध सीमाओं को निम्नलिखित तरीके से पूरा करने में मदद करती है-)

1. By using alphanumeric mnemonic code instead of numeric code for the instructions in the instruction set.
2. By allowed storage locations to be represented in the form of an alphanumeric address instead of a numeric address.
3. By providing additional instructions called pseudo- instruction, in the instruction set which are used for instructing how we want the program to be assembled inside the computer's memory.

High level language: - High level language is a programming language which uses text commands written in general English near to user comprehension. This kind of programming language needs a compiler or interpreter so that the program code may be converted into machine level code. High level languages named-

(उच्च स्तरीय भाषा एक प्रोग्रामिंग भाषा है जो उपयोगकर्ता समझ के पास सामान्य अंग्रेजी में लिखे गए टेक्स्ट कमांड का उपयोग करती है। इस तरह की प्रोग्रामिंग भाषा को एक संकलक या दुभाषिया की आवश्यकता होती है ताकि प्रोग्राम कोड को मशीन स्तर कोड में परिवर्तित किया जा सके। उच्च स्तरीय भाषाओं के नाम-)

- C and C ++,BASIC,PASCAL,ALGOL,COBOL,FORTRAN,JAVA,VISUAL BASIC, .NET, HTML
- ANGULARJS,LISP,RPG

Processing: - Processing in general term is a series of actions or operations. It convert some input into usefule output. When we speak of data processing. The input is data and the output is useful information. It performing arithmetic operation or logical operation on the data to convert them into useful information. There are two type of processing – (सामान्य शब्द में प्रसंस्करण क्रियाओं या संचालन की एक श्रृंखला है। यह कुछ इनपुट को उपयोगी आउटपुट में बदल देता है। जब हम डाटा प्रोसेसिंग की बात करते हैं। इनपुट डेटा है और आउटपुट उपयोगी जानकारी है। यह डेटा को उपयोगी जानकारी में बदलने के लिए अंकगणितीय ऑपरेशन या तार्किक संचालन करता है। प्रोसेसिंग दो प्रकार की होती है -)

1. Word Processing
2. Logical Processing

Computer Unit:-

1 bit = 0 and 1(binary number)
1 nibble = 4 bit
2 nibble = 8 bit
1 byte = 8 bit
1 kilo byte = 1024 byte
1 megabyte = 1024 kilobyte
1 gigabyte = 1024 megabyte
1 Terabyte = 1024 gigabyte
1 petabyte = 1024 terabyte
1 zetabyte = 1024 petabyte

TWO

NUMBER SYSTEM

Four type of number system:-

1. **Binary number system $(0\text{-}1)_2$**:-A binary number system whose base point is 2 as its name suggests it only supports two numbers 0 and 1.
2. **Octal number system $(0\text{-}7)_8$**:- In an octal number system, the base point is 8. It diplays digits from 0 - 7.
3. **Decimal number system $(0\text{-}9)_{10}$**:-The base point of a decimal number system is 10, representing digits from 0 to 9.
4. **Hexa number system $(0\text{-}15)_{16}$**:- The base point of a hexa number system is 16. It displays digits from 0 - 15.

10 – A	11 – B	12 – C	13 – D	14 – E	15 – F

Number Chart:-

Decimal	Binary	Octal	Hexadecimal
0	0	0	0
1	1	1	1
2	10	2	2
3	11	3	3
4	100	4	4
5	101	5	5
6	110	6	6
7	111	7	7
8	1000	10	8
9	1001		9
10	1010		A
11	1011		B
12	1100		C
13	1101		D
14	1110		E
15	1111		F
16	10000		10

Decimal change to Binary:-The binary system always divides any number of two to find the number and write it in front of the remainder.

$(84)_{10} = (?)_2$

2	84
2	42 – 0
2	21 – 0
2	10 – 1
2	5 – 0
2	2 – 1
2	1 – 0

answer :- $(84)_{10} = (1010100)_2$

Decimal change to Octal:-To find the octal number, divide any number of 8 and the remainder is written in front of it.

of it.

$(84)_{10} = (?)_8$

8	84
8	10 – 4
8	1 – 2

Answer :- $(84)_{10} = (124)_8$

Decimal change to Hexa:-To find the hexa number, divide any number of 16 and the remainder is written in front of it.

$(525)_{10} = (?)_{16}$

16	525
16	32 –13
	2 – 0

Answer :- $(525)_{10} = (20\{13\})_{16}$

If (13 = D) so write $(20D)_{16}$

Binary change to decimal:-To convert a binary number into a decimal number, one of the limbs has a binary number and starts ambushing it and adding all the digits it gets is the decimal number of that binary number.

(1010100)2= (?)10

$= 1*2^6 + 0*2^5 + 1*2^4 + 0*2^3 + 1*2^2 + 0*2^1 + 0*2^0$

= 64+0+16+0+4+0+0

=84

Answer :- (1010100)2= (84)10

Octal change to decimal:-To convert a hexa number into a decimal number, one of the limbs has a hexa number and starts ambushing it and adding all the digits it gets is the decimal number of that hexa number.

(124)8= (?)10

$= 1*8^2 + 2*8^1 + 4*8^0$

= 64+16+4

=84

Answer :- (124)8= (84)10

Hexa change to decimal: -To convert a number into a decimal number, one of the limbs has a hexa number and starts ambushing it and adding all the digits it gets is the decimal number of that hexa number.

(20D) 16 = (?)10

= $2*16^2 + 0*16^1 + 13* 16^0$

= 512+0+13

=525

Answer :- (20D) 16= (525)10

Binary change to Octal: - To convert peer 3-3 and you can extract its octal number using the number chart

(101110)2= (?)8

(101) (110)

101 = $1*2^2+0*2^1+1*2^0$

= 4+0+1

= 5

110 = $1*2^2+1*2^1+0*2^0$

= 4+2+0

= 6

Answer :- (101110)2= (56)8

Binary change to Hexa: - To convert any binary directly to a hexa number, we separate the binary number from the left side by peer 4-4 and you can extract its hexa number using the number chart

(11010011)2= (?)16

(1101) (0011)

1101 = $1*2^3+1*2^2+0*2^1+1*2^0$

=8+ 4+0+1 = 13= D

0011 = $0*2^3+0*2^2+1*2^1+1*2^0$

= 0+0+2+1 = 3

Answer :- (11010011)2= (D3)16

Octal change to Binary: -To convert any octal directly to a binary number you can extract its binary number using the number chart.

(562)8= (?)2

(5)8= (101)2, (6)8= (110)2, (2)8= (010)2

Combine the binary groups

(562)8= (101110010)2

Hexa change to binary: - To convert any hexa directly to a binary number you can extract its binary number using the number chart.

(ABC) 16= (?)2

(A) 16= (1010)2 ,(B) 16= (1011)2, (C) 8= (1100)2

A =10, B= 11, C= 12 it is shown in the number chart above.

Combine the binary groups :- (ABC) 16= (101010111100)2

THREE

WINDOWS

INTRODUCATION:-

After you switch on the computer or personal computer, windows Xp/Vista/2003/2007/2010 etc. is loaded into the computer memory. At least Windows lead all graphics files, fonts, any type of software etc. Which is needed to display the desktop. In other words we can say that the rectangular area of any computer screen where we can see the cursor pointer.

Desktop: -The graphical screen which contains icons & picture known as windows desktop.

Icons: -these are small picture buttons present on the desktop. The icon presents the program, file, font, and folders etc. example: - my computer icon, recycle bin.

Mouse pointer: -A Pointer which displays on the desktop know as a mouse pointer. It is displayed only if the mouse is installed on your computer.

Windows border: -It is the outside area of any screen for setting the showing of windows. It is possible with a CRT tube.

Task bar: -This bar is present on the bottom of the desktop. It has a start button present on the left side. The task bar display information such as time is also known as the quick launch toolbar.

Recycle bin: -When you delete any file, folder, picture and shortcut etc. It is not actually deleted but it is sent as a recycle bin and ignores the possibility of file deleting.

My Computer: -My computer icon has many options to represent the program. It has many local disks (C:,D:,E:) and which you insert any chip, camera ,pen drive it also display the my computer by name and removable disk.

Shutting down the computer

Shutdown: -Close all active program and network connections and then turn off the computer.

Switch user: -Live active programs and new user accounts active but hidden let another person use the computer.

Log off: -We can close all active programs and new user account but leave Windows 7 and the computer running so other people can log on.

lock:- We can leave all active programs and new user accounts but display the welcome screen where you must click your user icon and enter a password. If you have listed one user using the computer.

Restart: -We can close all active programs and lock all users so that no information is lost. Windows 10 shutdowns and restarted.

Sleep: -Sleep mode does not work if the computer is powered off.

Hibernate: -When you choose hibernate, open documents and programs settings are saved to your hard drive, and your computer switches off. Sleep a bit of power and allow you to quickly get back to work after only a few seconds.

Creating a folder:-

1. Right click on desktop by Mouse
2. Click on new option from the list
3. Click folder option
4. Then change the name

Creating a user account:-

1. Click on start and go to control panel
2. Click on user account
3. Change the name and picture
4. If you want to protect then give password

Change the desktop picture:-

1. Right click on desktop by Mouse
2. Select properties or personalize
3. Then click desktop
4. Select picture from the list
5. Apply then ok

Set the screensaver:-

1. Right click on desktop by Mouse
2. Select properties or personalize
3. Then click screensaver
4. Select the screensaver
5. Take time of 1 minute
6. Apply then ok

For attaching any camera, mobile, pen drive for loading pictures, song from system:-

1. Add pen drive on a system
2. Open My Computer icon
3. Click on pen drive name / device name
4. Open any data (picture, song, file, folder)
5. Select all (Ctrl+A) and then copy (Ctrl+ C)
6. Create a folder and then paste(Ctrl+V)

To search for any pictures, songs, or files on the computer:-

1. Click on start button
2. Then click search
3. Click on which you want to search for a song, file, picture etc.
4. Then search
5. After searching, a list appears
6. Select any item, right click, select properties and see the location.

Renaming a file or folder:-

1. Locate the file or folder to rename by using Windows Explorer
2. Right click the item and choose rename from the shortcut menu. the shortcut menu is shown in the list
3. The filename is now available for typing a new file name.
4. Press enter or click anywhere outside the file name to save it.

Deleting a file or folder:-

1. Select the file or folder you wish to delete.
2. Press delete button from the keyboard or select delete from the shortcut menu when the item is right clicked. A message box is displayed on your screen.
3. Click on the yes button if you are sure to delete this file or folder.

Disk cleanup:-

1. Click start and go to my computer.
2. Right click on the disc drive you want to work on and click properties. This will display the disk properties window on your screen.
3. Click the disk cleanup button. Windows 7 build calculates how much space you could save.
4. Select the type of file to delete and click ok.
5. You are asked if you permanently delete this file, click delete files to permanently delete them.
6. When you are ready, close the properties dialogue box.

Checking the disk for error:-

1. Click start go to my computer
2. Right click a disc drive you want to work on and click properties
3. Click the tools tab
4. Click the check now in the tools tab
5. Select whether you want to automatically fix errors and attempt recovery of bad sectors.
6. Click start click schedule disk check to do a disk check the next time you start your computer and then restart your computer.

extension	file type(software)
.txt	notepad (ANSI text file)
.rtf	WordPad (rich test format)
.html	HTML file
.bmp	paint brush (bitmap graphic)
.jpg / .jpeg	JPEG graphic
.wav	WAV audio file
.zip	zip compressed archive
.doc/.docx	MS Word file
.xls/.xlsx	MS Excel file
.ppt/.ppmt	MS PowerPoint file
.odt	libreoffice writer (open document text)
.ods	libreoffice calc(open document spreadsheet)
.odp	libreoffice impress(open document presentation)

FOUR

NOTEPAD

INTRODUCTION

Notepad is basic text editor software. That you can use to create simple documents. The common use for notepad is to view or edit text but many users find notepad is a simple tool for creating web pages. You can save your notepad file as a unique code ASCII (American Standard Code For Information Interchange). Notepad does not require formatting and file size similar to 64 KB. [.txt] is the extension of notepad.

HOW TO OPEN NOTEPAD

1. Click start, Run/Search, Write NOTEPAD and click OK.
2. Click start, All Programs, Accessories, Notepad.

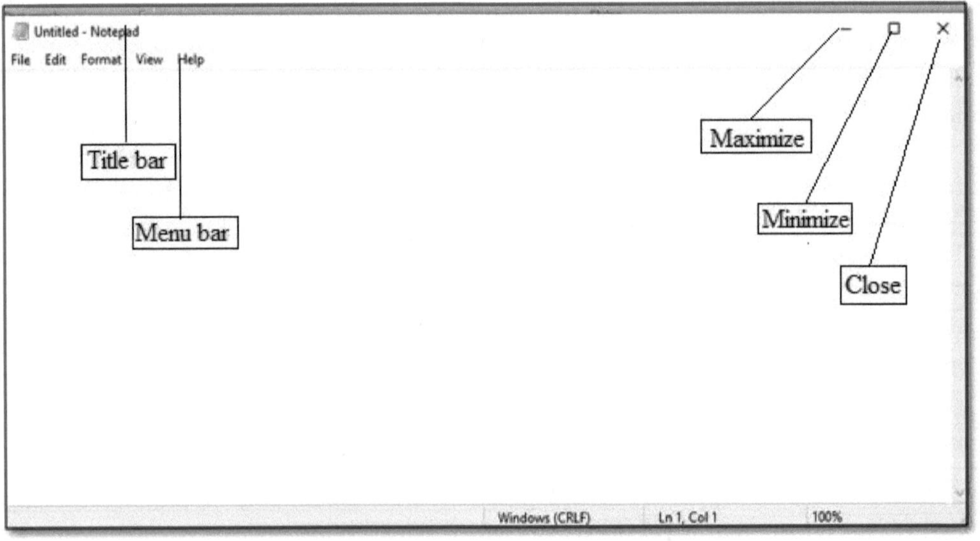

MENU BAR

1. FILE MENU

1. **New (ctrl+n):**- This option is used to open the new document.
2. **Open (ctrl+o):**- This option is used to reopen an old document.
3. **Save (ctrl+s):**- This option is used to save our file matter with a new name.
4. **Save As:** - This option is used to save our old file matter with new name, new location.
5. **Page setup:** - This option we can set the page margin and gutter position with header & footer.

6. **Print (ctrl+p):-** this option is used to print our file.
7. **Close: -** this option used to close the file one by one.
8. **Exit (alt+F4):-** this option used to shut the notepad window.

2. EDIT MENU

1. **Undo (ctrl +Z):-** This option is used to reverse the out matter.
2. **Redo (ctrl + Y):-** This option is used to reverse the undo option.
3. **Cut (ctrl+x):-** This option is used to cut the selected matter.
4. **Copy (ctrl+c):-**This option is used to create a duplicate matter of selected text.
5. **Paste (ctrl+v):-** This option is used to paste the cut and copied matter.
6. **Clear: -** This option clear or delete the selected matter.
7. **Select all (ctrl+a):-** This options select all Matter in one time.
8. **Find (ctrl+f):-**This option is use to we can search any character and string in a file.
9. **Find Next (F3):-** This option is use to we can find the next any selected character and string in the file.
10. **Go to (ctrl + G):-**This option is use to we can jump in any line and page.
11. **Replace (ctrl+h):-** This option is use to we can replace any found character and string in file matter.
12. **Date and time (F5):-** This option is use to we can insert date and time in the current position.

3. FORMAT MENU

1. **Word wrap: -** This option is used to show or hide the horizontal scroll bar.
2. **Font: -** This option is used to change the font style and size.

4. VIEW MENU

1. **Status bar: -** This option is used to show/ hide the status bar.

ppp

FIVE

WORDPAD

INTRODUCTION:-WordPad you can create and edit simple text or documents with complex formatting and graphics. Word pad has a tool box for quick access work. The extension of Word pad [.RTF /*.DOC].

HOW TO OPEN WORDPAD

Click start, all programs, Accessories, WordPad and Enter.

Click start; go to run/search and type WordPad.

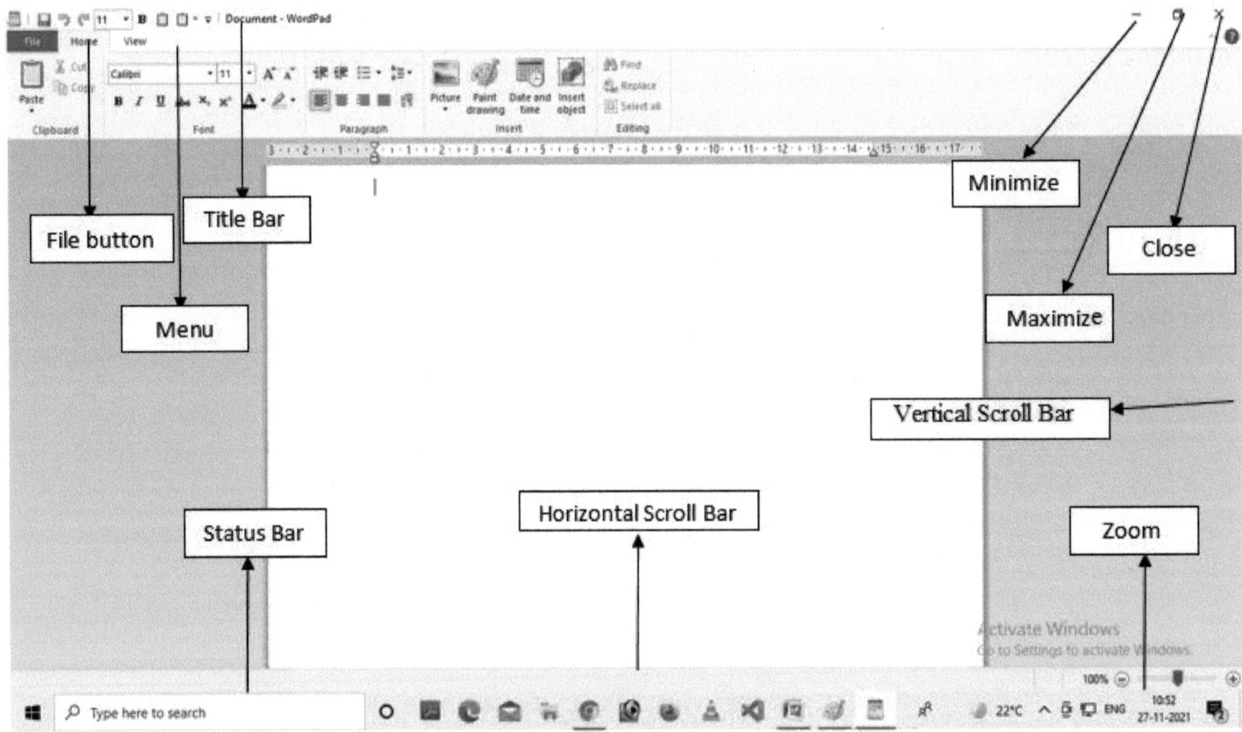

COMPONENT OF WORDPAD

i. **Title bar:** -The title bar displays the name of an active document and it has three buttons: maximize, minimize and close. It has a quick access toolbar like undo, redo, save ....etc.
ii. **Menu bar / tab bar:**-There are totally 2 tabs in WordPad.(home, view)
iii. **Status bar:**-The status bar displays the position of the cursor pointer.
iv. **Ruler:**-It defines the page height and width. It look like a scale.

v. **Scroll bar**:-It is used to move the page up, down, left and right. There are two types of scroll bar
1. Vertical 2. Horizontal

FILE BUTTON:-

1. **New (ctrl+n)**:- This option is used to open the new document.
2. **Open (ctrl+o)**:- This option is used to reopen an old document.
3. **Save (ctrl+s)**:- This option is used to save our file matter with a new name.
4. **Save As** :- This option is used to save our old file matter with new name, new location.
5. **Print (ctrl+p)**:- This option is used to print our file.
6. **Print Preview** :- This option is used to preview the printed document.
7. **Send**: - This option used to send our file matter by internet email and internet fax.
8. **Close**: - This option used to close the file one by one.
9. **Exit (alt+F4)**:- This option used to shut the WordPad window.

HOME TAB

1. CLIPBOARD BOX

1. **Cut (ctrl+x)**:- This option is used to cut the selected matter.
2. **Copy (ctrl+c)**:-This option is used to create a duplicate matter of selected text.
3. **Paste (ctrl+v)**:- This option is used to paste the cut and copied matter.
4. **Paste Special** :- This option is used to make a new link between two software programs.

2. FONT BOX

1. **Font Face**: - This option is used to change the font styles for selected matter.
2. **Font Size**: - This option is used to change the font size using the drop down list.
3. **B.I.U.**:- This option is used to make your matter bold, Italic, underline.
   B:-Bold (ctrl+b) I:-Italic (ctrl+i) U: underline (ctrl+u)
4. **Strike through**: - This is used to draw line middle in the selected texts.
5. **Subscript (ctrl+=)**:-This is used to create small letters below the text line base.
6. **Superscript (ctrl+Shift++)**:- This is used to create small letters above the text line base.
7. **Highlight Text Pen**: - This is used to highlight the selected matter.
8. **Font Color**: - This is used to change the color of selected text.
9. **Increase font (ctrl+>)**:- This option is use to we can increase/grow the font size point to point.
10. **Decrease font (ctrl+<)**:- This option is use to we can decrease/shrink the font size point to point.

3. PARAGRAPH BOX

1. **Bullet and numbering**: - This option is use to we can insert bullet and numbering at the beginning of the line.
2. **Multiple level lists**: - This option is use to we can insert multiple level lists to create headings.
3. **Line spacing**: - This option is use to we can take space between two or more lines.
4. **Increase and decrease list label**: - This option is use to we can move the paragraph from left to right side point to point.
5. **Left Align**: - This option is use to we can set the cursor pointer in left side.
6. **Right Align**:- This option is use to we can set the cursor pointer in right side.
7. **Centre Align** :- This option is use to we can set the cursor pointer in centre position.
8. **Justify Align** :- This option is use to we can set the cursor pointer in justify Mode.

4. INSERT BOX

1. **Picture:** - This is used for inserting the picture from a file.
2. **Paint brush:** - This is used to make a picture from a paint brush.
3. **Date & Time:** - This is use to we can insert date & time in the current active position.
4. **Object:** - This is use to we can make links between any software.

5. EDITING BOX

1. **Find (ctrl+f):**- This option is use to we can search any character and string in a file.
2. **Replace (ctrl+h):**- This option is use to we can replace any found character and string in file matter.
3. **Select all (ctrl+a):**- This option is use to we can select all Matter in one time.

VIEW TAB

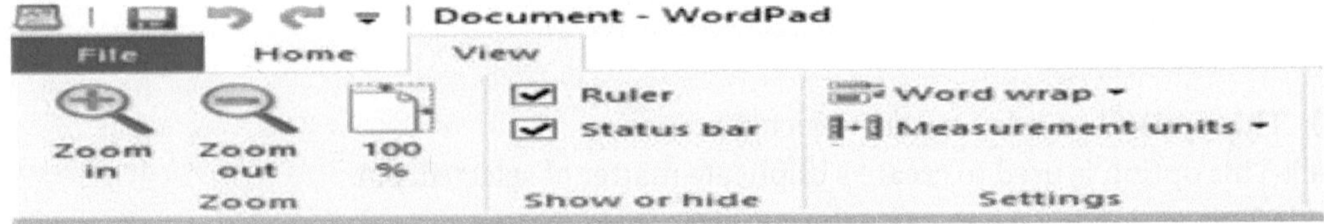

1. ZOOM BOX

1. **Zoom in:** - This option is use to we can zoom in the page at maximum zooming level.
2. **Zoom out:** - This option is use to we can zoom out and see the page at the minimum zoom level.
3. **100%:**- This option is use to we can see our page in hundred percent zooming points.

2. SHOW / HIDE BOX

1. **Ruler:** - This option is use to we can show or hide the ruler on the page.
2. **Status Bar:** - This option is use to we can show or hide the Status Bar in the page.

3. SETTINGS BOX

i. **Word Wrap:**-

   a. **No Wrap:** - This option is use to we can see the page like a web page and show or hide the horizontal scroll bar.
   b. **Wrap to Window:** - This option is use to we can see the page on full window area.
   c. **Wrap to ruler:**- This option is use to we can see the page in normal size according to ruler height and width.

ii. **Measurement unit:**- This option is use to we can see the ruler in inches, centimeters, points, and picas.

ppp

SIX

PAINT BRUSH

INTRODUCTION

Paint is a drawing tool you can use to create simple or elaborate drawings. These drawings can be as black & white and colorful. We can be saved as bitmap files. You can print your drawing, use it for your desktop background or paste in another document. You can even use paint to view and edit scanned photos. You can also use paint to work with pictures such as .JPG, .GIF. BMP files. You can paste a print picture into another document you have created and use it as your desktop background. [.BMP] is the extension of a paint brush.

HOW TO OPEN PAINT BRUSH:-

Click start, all programs, Accessories, Paint brush and Enter.

Click start, go to run/search and type MS PAINT.

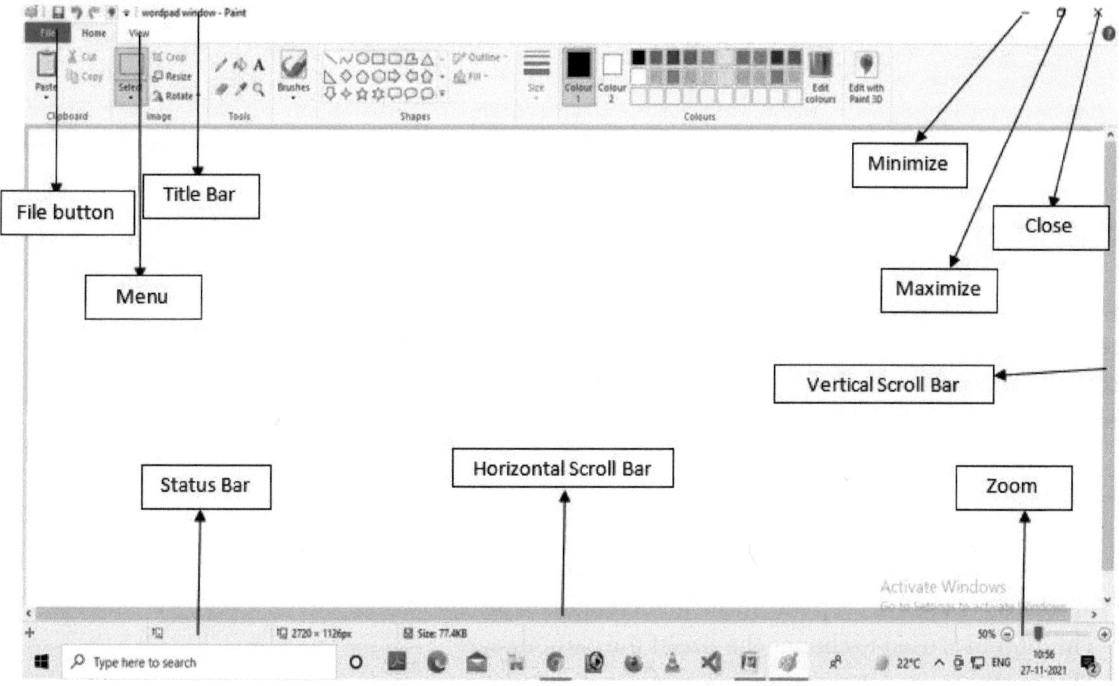

COMPONENT OF PAINT BRUSH:-

1. **Title bar**: -The title bar displays the name of an active document and it has three buttons: maximize, minimize and close. It has a quick access toolbar like undo, redo, save ....etc.
2. **Menu bar / tab bar**:-There are totally 2 tabs in Paint brush(home, view)

3. **Status bar:** -The status bar displays the position of the cursor pointer.
4. **Ruler:** -It defines the page height and width. There are two types of ruler bar 1. Vertical 2. Horizontal
5. **Scroll bar:** -It is used to move the page up, down, left and right. There are two types of scroll bar 1. Vertical 2. Horizontal

FILE BUTTON:-

1. **New (ctrl+n):**- This option is used to open the new document.
2. **Open (ctrl+o):**- This option is used to reopen an old document.
3. **Save (ctrl+s):**- This option is used to save our file matter with a new name.
4. **Save As :**- This option is used to save our old file matter with new name, new location.
5. **Print (ctrl+p):**- This option is used to print our file picture.
6. **Print Preview :**- This option is used to preview the printed document.
7. **Send:** - This option is used to send our file matter by internet email and internet fax.
8. **Set as Background:** - This option is used to we can set the background image center,fill, title mode.
9. **Close:** - This option is used to close the file one by one.
10. **Exit (alt+F4):**- This option is used to shut the MS Paint window.

HOME TAB

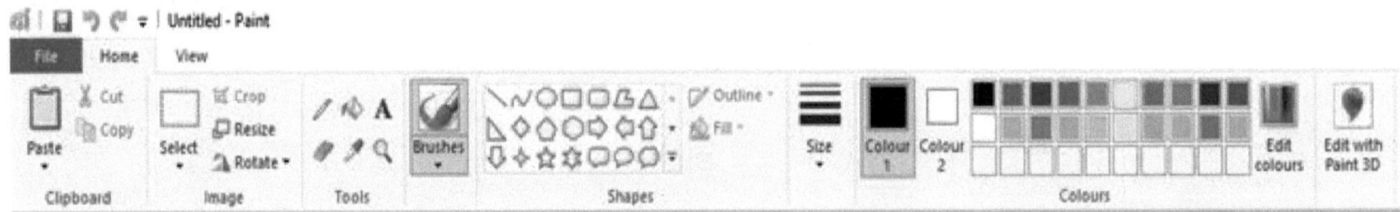

1. **CLIPBOARD BOX**

1. **Cut (ctrl+x):**- This option is used to cut the selected matter.
2. **Copy (ctrl+c):**-This option is used to create a duplicate matter of selected text.
3. **Paste (ctrl+v):**- This option is used to paste the cut and copied matter.
4. **Paste from:** - This option is used to paste an image in any current open window.

2. **IMAGE BOX**

1. **Select:** - This option is used to select the image in rectangle shape.
2. **Crop:** - This option is used to crop the image in rectangle shape.
3. **Resize:** - This option is used to change the size of the paint image.
4. **Rotate:** - This option is used to move an image in any direction.

3. **TOOLS BOX**

1. **Pencil:** - This option is used to we can draw the line/object.
2. **Fill color:** - This option is used to we can fill the selected color in any shape.
3. **Text:** - This option is used to we can write some matter on a paint screen.
4. **Eraser:** - This option is used to we can erase any shape.

- a). Eraser for increase: - Ctrl + +
- b). Eraser for decrease: - ctrl + -

1. **Pick color:** - This option is used to we can pick any color in current open picture.
2. **Magnifier:** - This option is used to we can magnify any part of any image.
3. **Brushes:** - This option is used to we can draw outlines, air paint, and any other type of brush used on the paint screen.

4. **SHAPE BOX**

1. **Shape:** - This option is used to insert the any shape into a paint screen.
2. **Outline:** - This option is used to fill the outline color with any color.
3. **Fill:** - This option is used to fill the shape with any type color like (gradient, oil paint, water paint, dark fill etc.)

5. **SIZE BOX**

1. This box is used to we can change the size of the outline in any shape.

6. COLOR BOX

1. This box is used to we can add different colors in the color Box.

VIEW TAB

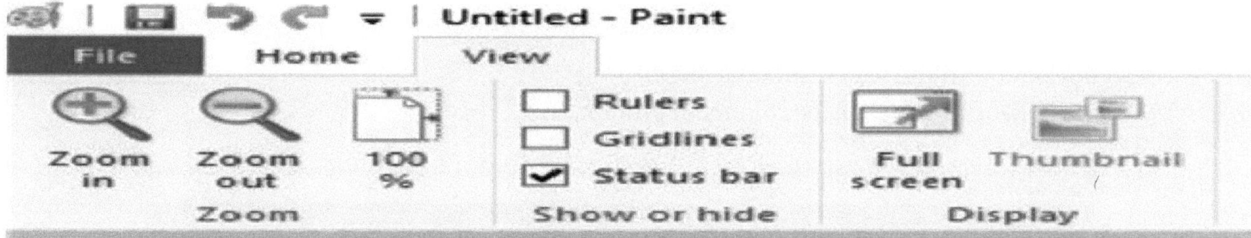

1. ZOOM BOX

1. **Zoom in:** - This option is used to we can zoom in our page at the maximum zooming level.
2. **Zoom Out:** - This option is used to we can zoom out our page at the minimum zooming level.
3. **100%:**- This option is used to we can see our page in 100% points(normal mode).

2. SHOW / HIDE BOX

1. **Ruler:** - This option is used to we can show or hide the ruler in the page.
2. **Gridlines:** - This option is used to we can show or hide the gridlines in the page.
3. **Status Bar:** - This option is used to we can show or hide the status bar in the page.

3. DISPLAY BOX

1. Full Screen: - This option is used to we can see the image in full screen and all elements will be hidden.

SEVEN

MICROSOFT DISK OPERATING SYSTEM

INTRODUCTION

MS Dos is a operating system software with a command line interface used on a personal computer. As with other operating systems. Such as syntax that translates keyboard input by the user into operations. The computer can perform it also oversees operations such as disk input and output, video support. Keyboard control and many functions related to program execution and file maintenance. Ms Dos is single user operating system software. Dos are character user interface (CUI) software.

HOW TO OPEN MS DOS:-

1. Click the start button to run and write CMD and click.
2. Go to start, click accessories and click the command prompt.

Features of Ms Dos:-

1. Ms Dos stands for Microsoft disk operating system which was popularly used for personal computers in 1981.
2. This operating system can be stored in a single disk, due to this feature of this operating system is known as disk operating system.
3. Pure Dos supports a maximum of 8 characters in a file or directory name.

4. Ms Dos support CUI.
5. Ms Dos support Maximum 8 characters in a file Name, directory Name but as we are using simulated Dos of windows so long file names are supported in this version of Ms Dos.
6. The Dos folder is called a directory. These character [/ *? "< >;] are not supported in files and directory names.

Command in Dos is categories in two parts

1.Internal command

2.External command

Internal command: -

Internal commands of dos are performing operations on file and directories and they do not need any external file support.

i. **Date Command:** -This command is use to we can change the date of system and enter the new date.
Syntax:-C :\>Date (Enter)

ii. **Time command:** - This command is use to we can change the time of current system and enter the new time.
Syntax: -C :\>Time (Enter)

iii. **Version command:** - This command is use to we can see the version of the active window.
Syntax: -C :\>Ver (Enter)

iv. **Volume command:** - This command is use to we can see the disk name and serial number.
Syntax: -C:\>Vol (Enter)

v. **CLS command:** - This command is use to we can clear the Dos Screen.
Syntax: -C :\>Cls (Enter)

vi. **Directory command:** - This command is use to we can see the list of all files and directories
Syntax: -C :\>Dir (Enter)

vii. **Exit command:** - This command is use to we can close the Ms Dos window.
Syntax:- C:\>Exit (Enter)

viii. **Copy con command:** - This command is use to we can create a new file in Dos.
Syntax: -C :\>Copy (space) con (space) file name (Enter)

ix. **Save command:** - This command is use to we can save our dos file.
Syntax: -F6 or Ctrl + Z (Enter)

x. **Type:** - This command is use to we can see the file matter.
Syntax: - C:\>type (space) file name (Enter)

xi. **Delete command:** - This command is use to we can delete any file.
Syntax:-C:\>Del (space) File name (Enter)

xii. **Rename command:** - This command is use to we can change the name of any old file.
Syntax:-C:\>Ren (space) old file name (space) new file name (Enter)

xiii. **Copy command:** - This command is use to we can make a duplicate file.
Syntax:-C :\>copy (space) old file name (space) new file name (Enter)

xiv. **Make directory command:** - This command is use to we can create a new directory as a folder.
Syntax:-C :\>MD(space) dir name (Enter)

xv. **Coming directory:** - This command is use to we can enter any directory.
Syntax: -C :\>CD(space) dir name (Enter)

xvi. **Remove Directory:** - This command is use to we can delete any old directory.
Syntax: -C :\>RD (space) dir name (Enter)(empty)
C :\> RD/s (space) dir name (Enter)(full)

xvii. **Come out directory:** - This command is use to we can come out in any directory.
Syntax: -C :\user>CD.. (Enter)(Exit one directory in one time.)
C:\user\vsicap>cd/(Enter) (Exit all directory in one time.)

xviii. **Tree command:** - This command is use to display the directory structure of a specified directory graphically.
Syntax: -tree [drive:][path][/D](Enter)
C:\> D: (Enter) Change the Drive location.

External Command: -

The external command are performing advanced task and they do need some external file support as they are not stored in command.com.

i. **Xcopy command:** - This command is use to we can make a duplicate directory.
Syntax: -C :\>xcopy (space) old dir name (space) new dir name (Enter)

ii. **Mode command:** - This command is use to we can set the size of the Dos Screen.
Syntax: -C :\>Mode (space) any number (Enter)

iii. **Move command:** - This command is use to we can move our file and sub folder in a new directory.
Syntax: -C :\>Move (space) old dir name (space) new dir name (Enter)

iv. **More command:** - This command is use to we can see file matter in line by line.
Syntax: -C :\>more (space) file name (Enter)

v. **Sort command:** - This command is use to we can see our file matter in ascending or descending order.
Syntax: -C :\>Sort (space) file name (Enter) (ascending Order)
C :\>Sort/r (space) file name (Enter) (descending Order)

vi. **Doskey command:** - This command is use to create the shortcut of any command.
Syntax: -C :\>Doskey (space) D= Date (Enter)
C :\>Doskey (space) T= Time (Enter)
C:\>Doskey(space) V=Vol(Enter)
C:\>Doskey(space) O=Ver(Enter)

vii. **Prompt command:** - This command is use to set the prompt according to you.
Syntax: -C :\>prompt (space) Prompt name [(any name) Enter]

viii. **Back to prompt:** -This command is used to back the prompt symbol.
Syntax: -Prompt (space) PG(Enter)

ix. **Echo command:** -This command is used to show and hide the C:\>.
Syntax: -C :\>Echo (space) Off (Enter) (For Hidden)
Echo (space) On (Enter) (For Show)

x. **Batch Command:** -This command is used to create a batch file and run the same command in one time.
Syntax: -C :\>Copy (space) con (space) File name.BAT (Enter)
Date
Time
Vol
Ver
F6 (Enter)

xi. **Attrib Command:** - This command is use to set attrib/settings of the file.
Syntax: -C :\>attrib (space) +H (space) File name (Enter) [for hidden]
C :\>attrib (space) -H(space) File name (Enter) [for show]
C :\>attrib (space) +R (space) File name (Enter) [for read only]
C :\>attrib (space) -R (space) File name (Enter) [for read and write]

xii. **Color command:** - This command is use to we can change the background and foreground color.
Syntax: -C :\>color (space) go(Enter) (for color code list) than
C :\>Color (space) Fc (Enter)

xiii. **Edit command:** - This command is use to we can edit/change the file matter.
Syntax: -C :\>edit (space) file name (Enter)

Menu in Edit Command

FILE MENU

1. **New:** - This option is used to open the new document.
2. **Open:** - This option is used to reopen an old document.
3. **Save:** - This option is used to save our file matter with a new name.
4. **Save As:** - This option is used to save our old file matter with new name, new location.
5. **Print:** - This option is used to print our file matter.
6. **Close:** - This option used to close the file one by one.
7. **Exit:** - This option used to exit the MS Dos edit window.

EDIT MENU

1. **Cut:** - This option is used to cut the selected matter.
2. **Copy:**-This option is used to create a duplicate matter.
3. **Paste:** - This option is used to paste the cut and copied matter.
4. **Clear:** - This option is used to clear the selected matter.

SEARCH MENU

1. **Find:** - This option is used to search any character or string.
2. **Replace:** - This option is used to replace the find any character or string.
3. **Repeat last find:** - This option is used to repeat the last find character or string.

VIEW MENU

1. **Split window:** - This option is used to split the window in two parts.
2. **Size window:** - This option is used to set the size of the split window.
3. **Close window:** - This window is used to close the split window.

OPTION MENU

1. **Tab setting:** - This option is used to set the tab stop position.
2. **Color:** - This option is used to set the background and foreground color in selected text, border, normal text etc.

SWITCH COMMAND:-

1. **Dir/p:** - It displays the dir list page by page.
2. **Dir/? :** - It displays the help of the dir command.
3. **Dir/alt:** - It displays all the hidden files.
4. **Dir/AD:** - It displays the all directory.
5. **Dir/AS:** - It displays the all system file.
6. **Dir/ON:** - It displays the file list by name.
7. **Dir/OS:** - It displays the file list according to the size of the smallest first file.
8. **Dir/OD:** - It displays the dir list by date and time in the oldest first.

```
C:\Users\CIC COMPUTER>dir/?
Displays a list of files and subdirectories in a directory.

DIR [drive:][path][filename] [/A[[:]attributes]] [/B] [/C] [/D] [/L] [/N]
  [/O[[:]sortorder]] [/P] [/Q] [/R] [/S] [/T[[:]timefield]] [/W] [/X] [/4]

  [drive:][path][filename]
              Specifies drive, directory, and/or files to list.

  /A          Displays files with specified attributes.
  attributes   D  Directories                R  Read-only files
               H  Hidden files               A  Files ready for archiving
               S  System files               I  Not content indexed files
               L  Reparse Points             O  Offline files
               -  Prefix meaning not
  /B          Uses bare format (no heading information or summary).
  /C          Display the thousand separator in file sizes.  This is the
              default.  Use /-C to disable display of separator.
  /D          Same as wide but files are list sorted by column.
  /L          Uses lowercase.
  /N          New long list format where filenames are on the far right.
  /O          List by files in sorted order.
  sortorder    N  By name (alphabetic)       S  By size (smallest first)
               E  By extension (alphabetic)  D  By date/time (oldest first)
               G  Group directories first    -  Prefix to reverse order
  /P          Pauses after each screenful of information.
  /Q          Display the owner of the file.
  /R          Display alternate data streams of the file.
  /S          Displays files in specified directory and all subdirectories.
  /T          Controls which time field displayed or used for sorting
  timefield   C  Creation
              A  Last Access
              W  Last Written
  /W          Uses wide list format.
  /X          This displays the short names generated for non-8dot3 file
              names.  The format is that of /N with the short name inserted
              before the long name. If no short name is present, blanks are
              displayed in its place.
  /4          Displays four-digit years

Switches may be preset in the DIRCMD environment variable.  Override
preset switches by prefixing any switch with - (hyphen)--for example, /-W.
```

Some Important Command in operating systems

Linux Command

1. **Date command**- This command is use to we can see the current date and time.
2. **Cal command**- This command is use to we can see the current month calendar.
3. **Who command**- This command is use to we can see the current time logging user list.
4. **Clean Command**- This command is use to we can clean the current working termind screen.
5. **History command**- This command is use to we can see the list of commands whose use at the time.
6. **!! Command** - This command is use to we can Reverse the last command.
7. **Exit command**- This command is use to we can exit the active window.
8. **LS command**- This command is use to we can see the file and directory.
9. **Cd command**- This command is use to we can change the directory.
10. **MKDIR command**- This command is use to we can make a new directory.
11. **LS command**- This command is use to we can see the file and directory.
12. **CP command**- This command is use to we can copy the file and directory.
13. **MV command**- This command is use to we can move our file from one directory to another directory.

UNIX command

1. **CP command**- This command is use to we can copy our file
2. **MV command**- This command is use to we can move or rename a file or directory.
3. **Tar command**- This command is use to we can create and use an archive (hidden) file.
4. **GZip command**- This command is use to we can compress a file.
5. **FTP command**- This command is use to we can File Transfer Program.
6. **IPR command**- This command is use to we can print out our file.
7. **MKDIR command**- This command is use to we can make a new directory.
8. **RM command**- This command is use to we can Remove file or directory.
9. **Rm dir command**- This command is use to we can remove the directory.
10. **Mount DIR command**- This command is use to we can attach the file system to the file system hierarchy at the mount point, which is the pathname of a dir.
11. **UnMount DIR command**- This command is use to we can unmount a currently mounted file system.

Navigational Type UNIX command

1. **Cd dir command**- This command is use to we can change the directory.
2. **PWD command**- This command is use to we can display the name of our current directory.
3. **Vi command**- This command is use to can use the vi(visual) utility to display-oriented text editor directory.
4. **Nano command**- This command is use to we can Nano is a small free and friendly editor.

Search UNIX Command

1. **Find command**- This command is use to we can find a file with a specified name type.
2. **Grep command**- This command is use to we can Search a file for a specified string or expression.
3. **Top command**- This command is use to we can display the top 10 processes on the system and periodically update the information.
4. **Chmod Command**- This command is use to we can change the permissions of a file or a directory.
5. **Ps command**- This command is use to we can print information about active processes.
6. **Kill command**- This command is use to we can kill a process.
7. **Date command**- This command is use to we can see the current date and time.
8. **Cal command**- This command is use to we can call the utility that writes a Gregorian calendar to standard output.
9. **Diff command**- This command is use to we can display differences between text files.
10. **Man command**- This command is use to we can display information from the reference manuals.

Help dir command- This command is use to we can help utility retrieves information to further explain error messages and warnings from sccs commands.

EIGHT

MICRO SOFT WORD 2007

MICROSOFT WORD INTRODUCTION

Microsoft word is software which has the user to prepare a document. MS word which is the most widely used of all word processing software. MS Word software has included tools for editing, formatting, text and graphics. The extension of MS Word 2007[.DOCX].

FEATURES OF MS WORD 7

1. We can change the font size and style.
2. Header and footer can also be included in the document.
3. Text can be formatted in column style as we see in the newspaper.
4. Tables can be made and included in the text.
5. Document can be saved on disk and used again and whenever necessary, give the password to protect your file.
6. Pictures, graphics, table and chart can be easily included in the side text.
7. Word also provides facility of mail merge, online help and macro.

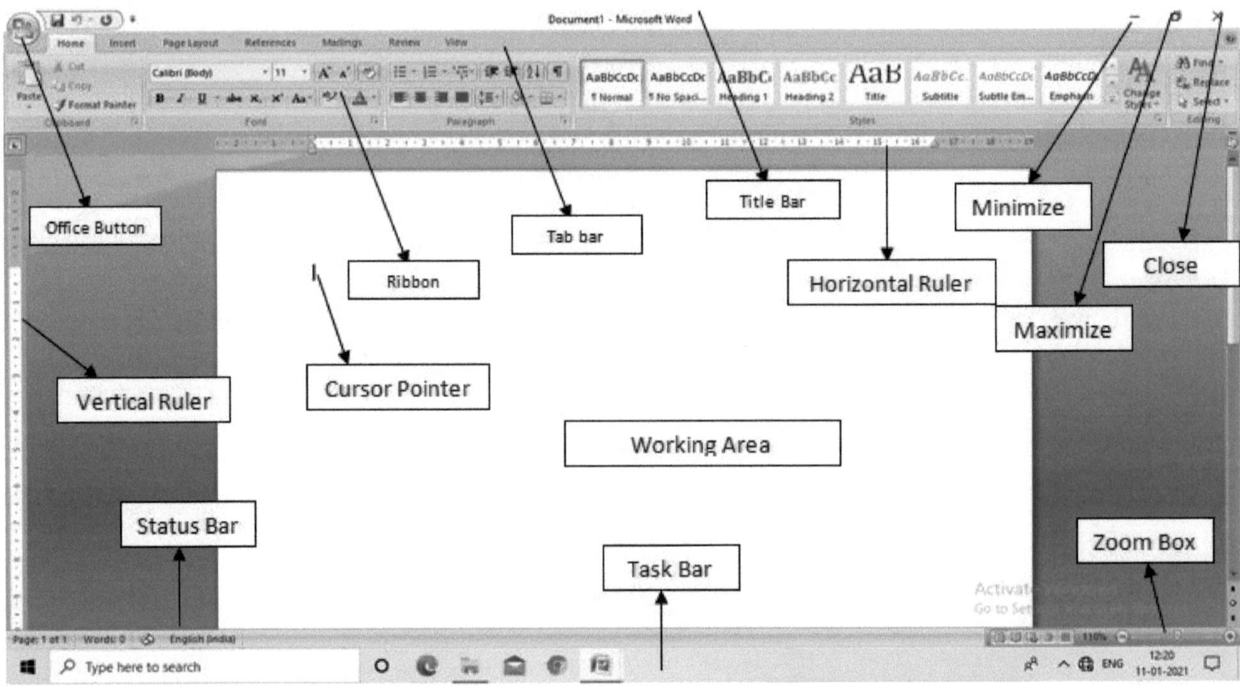

HOW TO OPEN MS WORD

- Click start, all programs, Microsoft Office, MS Word and Enter.
- Click start; go to run/search and type WinWord.

COMPONENT OF MS WORD

1. **Title bar:** -The title bar displays the name of an active document and it has three buttons: maximize, minimize and close. It has a quick access toolbar like undo, redo, save ....etc.
2. **Menu bar / tab bar:**-There are by default show 7 tabs in ms word.(home, insert, page layout, reference, mailing, review, view). If you work with the shape option, then open a format tab. If you work with table options then open the design and layout.
3. **Status bar:** -The status bar displays the position of the cursor pointer. Like (page No., total word, language)
4. **Ruler:** -It defines the page height and width. There are two types of status bar 1. Vertical 2. Horizontal
5. **Scroll bar:**-It is used to move the page up, down left and right. There are two types of status bar 1. Vertical 2. Horizontal
6. **Ribbon:**- It defines all tab bar options for working.

OFFICE BUTTON:-

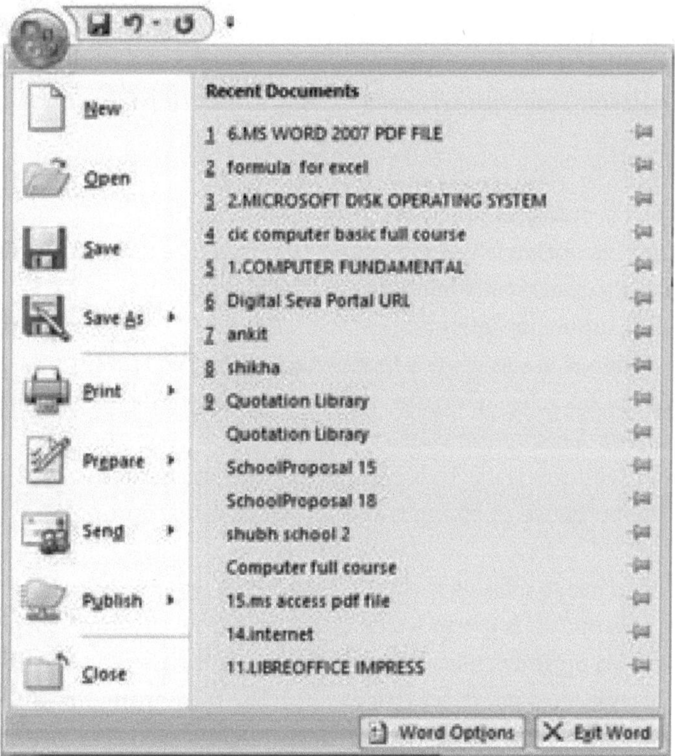

1. **New (ctrl+n):**-This option is used to open the new document.
2. **Open (ctrl+o):**-This option is used for reopening an old document.
3. **Save (ctrl+s):**-This option is used to save our file matter with a new name and give any password.
4. **Save As (F12) :**-This option is used to save our old file matter with new name, new location and give any password.
5. **Print (ctrl+p):**-This option is used to print our file matter.
6. **Print Preview (ctrl +F2):**-This option is used to preview the printed document.
7. **Send:** -This option used to send our file matter by internet email and internet fax.

8. **Prepare:** -This option is used to see the property of a file document.
9. **Close:** -This option used to close the file one by one.
10. **Exit (alt+F4):**-This option used to shut the MS Word window.
11. **Option:** -This option is used to change the setting of the MS Word window.

HOME TAB

1. CLIPBOARD BOX

i) Cut (ctrl+x):-This option is used to cut the selected matter.

ii) Copy (ctrl+c):-This option is used to create a duplicate matter.

iii) Paste (ctrl+v):-This option is used to paste the cut and copied matter.

iv) Paste Special (Alt+ctrl+v):-This option is used to make a link between two software for the current active document and make a duplicate file with any software.

v) Format Painter (ctrl+shift+c):-This option is used to copy formatting from one place and apply in the next place for selected matter.

2. FONT BOX

i) Font Face (ctrl+shift+f):-This option is used to change the font styles.

ii) Font Size (ctrl+shift+p):-This option is used to change the font size using the drop down list..

iii) B.I.U.:-This option is used to make your matter bold, Italic, underline.

B:-Bold (ctrl+b) I:-Italic (ctrl+i) U: underline (ctrl+u)

iv) Strike through: - This option is use to draw a line between selected texts.

v) Subscript (ctrl+=):- This option is use to create small letters below the text line base.

vi) Superscript (ctrl+Shift ++):- This option is use to create small letters above the text line base.

vii) Highlight Text Pen: - This option is use to highlight the selected matter in any color.

viii) Change Case:- This option is use to changes the all selected text in upper,lower,tuggle, sentence, each word capital case.

ix) Font Color: - This option is use to change the color of selected text.

x) Increase font (ctrl+>):- This option is use to we can increase/grow the font size point to point.

xi) Decrease font (ctrl+<):- This option is use to we can decrease/shrink the font size point to point.

xii) Clear formatting: - This option is use to we can clear all the formatting in the text.

3. PARAGRAPH BOX

i) Bullet and numbering: - This option is use to we can insert the bullet and numbering at the beginning of the line.

ii) Multiple level lists: - This option is use to we can insert multiple level lists to create headings for slected matter.

iii) Line spacing: - This option is use to we can take space between two or more lines.

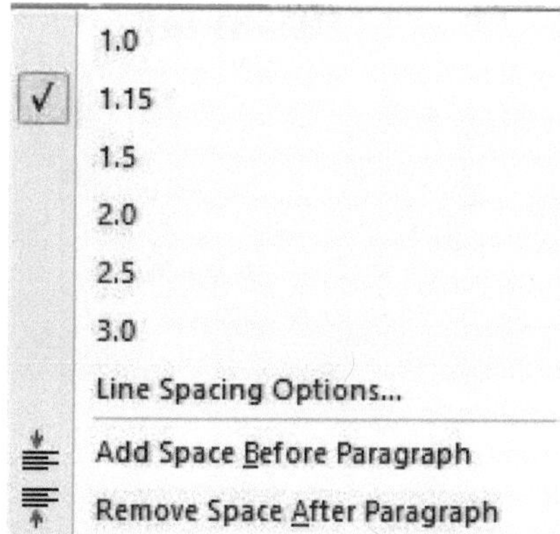

iv) Increase and decrease the list label: - This option is use to we can move the paragraph from left to right point to point.

v) Sort: - This option is use to we can set the number and alphabet in ascending (A-Z) and descending (Z-A) order.

vi) Paragraph mark:- This option is use to we can insert paragraph mark at the end of the paragraph line.

vii) Border: - This option is use to we can customize the border for the selected line and paragraph.

viii) Shading: - This option is use to we can color the background behind the selected text, line.

ix) Align: - This option is use to we can set the paragraph in left, right, center and justify.

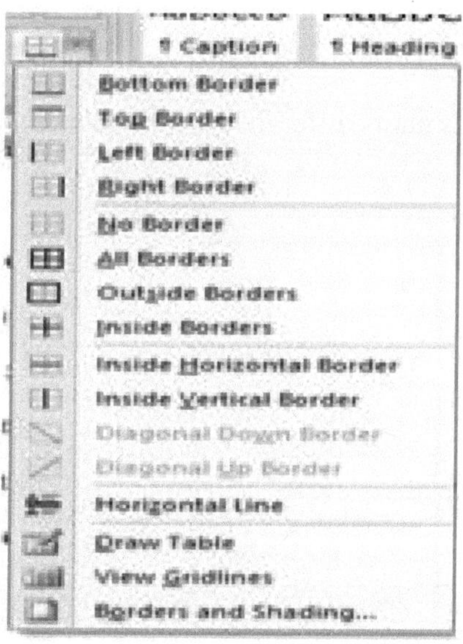

.

4. STYLE BOX

i) Style:- This option is use to convert matter to already define style mode.

ii) Change Style:- This option is use to change the matter style, color, effect.

5. EDITING BOX

i) Find (ctrl+f):- This option is use to we can search any character and string in file matter.

ii) Replace (ctrl+h):- This option is use to we can replace any found character and string in file matter.

iii) Select all (ctrl+a):- This option is use to we can select all Matter in one time.

iv) Select Object:- This option is use to we can select all object in one time.

v) Select all text with similar formatting :- This option is use to we can select same type format matter in one time in document.

.

INSERT TAB

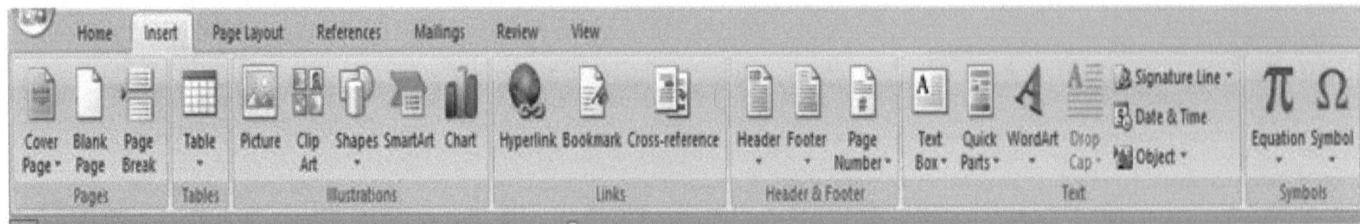

1. PAGE BOX

i) Cover page: -This option is used to insert a fully formatted title page.

ii) Blank Page: -This option is used to insert a blank page in the current document.

iii) Page breaks (ctrl + Return/Enter):-This option is used to insert page break in the current position.

2. TABLE BOX

i) Table: - This option is use to we can insert a table with row and column Maximize column inserted 63 and row 32676.

3. ILLUSTRATION BOX

i) Picture: -This option is used to inserting the image from a file.

ii) Clip art: -This option is used to inserting pictures from MS Office setup image & internet, web collection, desktop gallery.

iii) Shape: - This option is use to Inserts many different types of shapes.

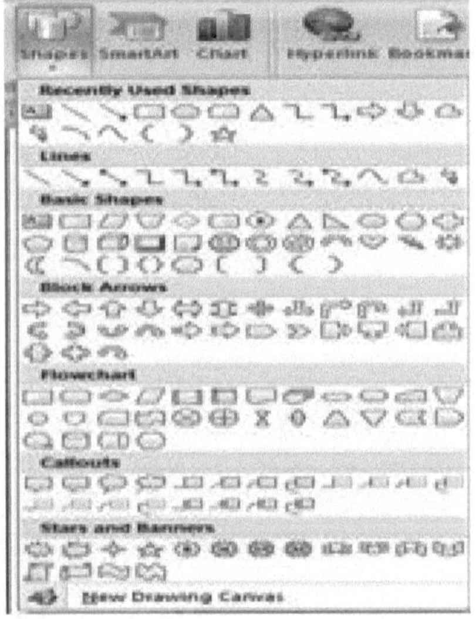

iv) **Smart art:** - This option is use to converts text to smart art graphics.

v) **Chart:** - This option is use to insert chart for specific data. Example-column chart, bar chart, area chart etc.

4. LINK BOX

i) Hyperlink (ctrl+k):- This option is use to make links with word (charater) between many files for any other software.

ii) Bookmark: - This option is use to creates a bookmark with a name to apply in the next place in the page.

iii) Cross reference: - This option is use to refers to an item such as heading, footnote, page number and bookmark etc.

5.HEADER AND FOOTER BOX

i) Header: - This option is use to we can edit the header at the top of the document page.

ii) Footer: - This option is use to we can edit the footer bottom of the document page.

iii) Page number: - This option is use to we can insert page number in margin, footnote area, any location in page.

6. TEXT BOX

i) Text box: - This option is use to inserts a text box for writing any matter on the page in any position.

ii) Quick part: - This option is use to includes fields in the document like author name, comment, title, category, any other property.

iii) Word art: - This option is use to inserts a decorative text in the page.

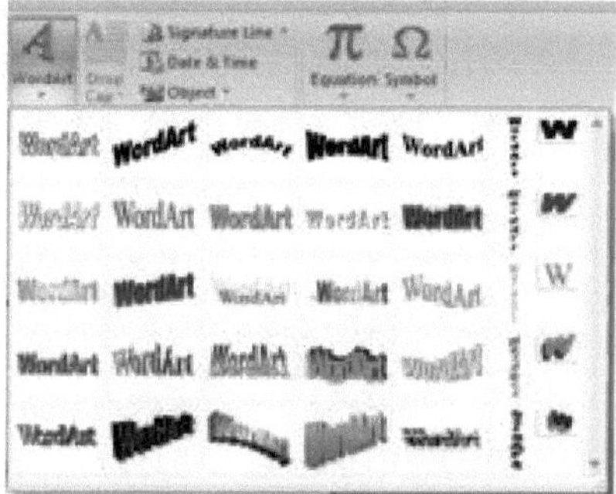

iv) Drop cap: -This option is use to drops the first character at the beginning of the line.

v) Signature line: - This option is use to inserts the signature line for sign in any position in the page.

vi) Date and time: - This option is use to we can insert date and time in current active document.

vii) Object: - This option is use to we can make link between any software.

7. SYMBOLS BOX

i) **Equation (alt+=):**- This option is use to inserts a common mathematical equation in the page.

ii) Symbol: - This option is use to inserts the symbol which does not appear in the keyboard.

PAGE LAYOUT TAB

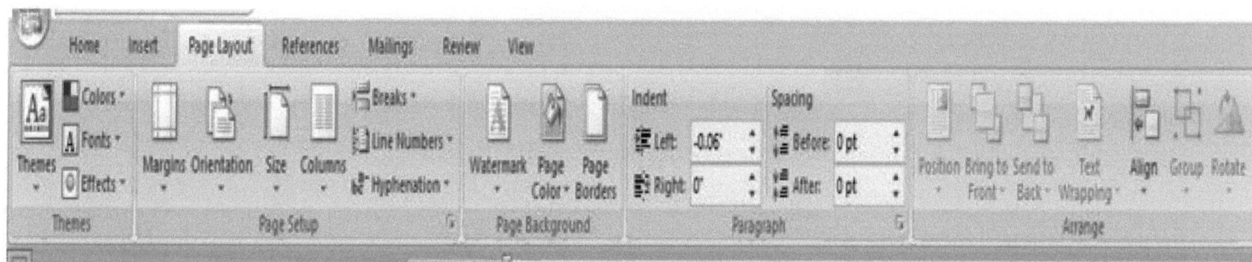

1. THEME BOX

i) **Theme color:** -This option used to change the color of the whole document according to theme.

ii) **Theme font:** -This option used to change the selected font according to the theme font.

iii) **Theme effect:**- This option is used to change the effect of the current document.

2. PAGE SETUP BOX

i) **Margin:** -This option is use for setting the margin size for the entire document (left, right, top, and bottom) and gutter position of the document.

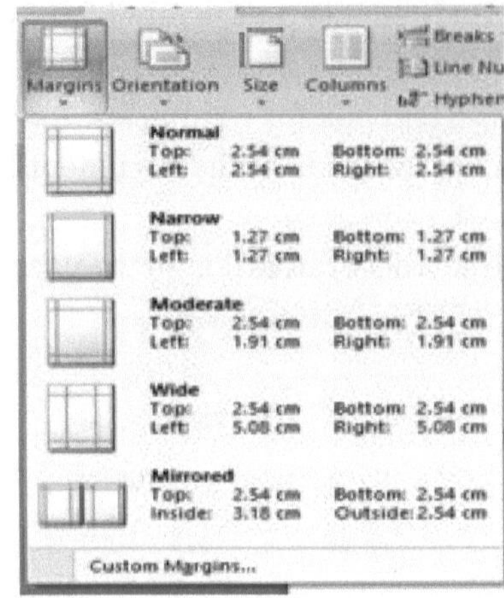

ii) **Orientation:** - This option is used to we can set the paper between portrait and landscape.

iii) **Paper size:** - This option is used to we can set the paper size for the current section. (A4, A5, letter size, legal size, postcard paper size, Japanese size etc)

iv) **Column split:** - This option is used to we can set the two or more columns in the current document.

v) **Break:** - This option is used to we can insert the break in the current document.

vi) **Line number:** - This option is used to we can insert line number beginning of the line to start each section, continuous, start per page line number.

vii) **Hyphenation:** - This option is used to we can insert hyphenation sign between texts.

3. PAGE BACKGROUND BOX

i) **Watermark:** - This option is used to we can insert a watermark behind the page.

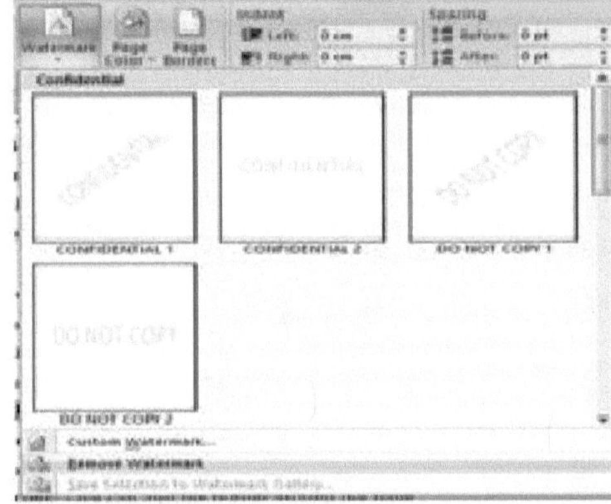

ii) **Page color:** - This option is used to we can insert any page color in a document.

iii) **Page border:** - This option is used to we can add the border around the page.

4. PARAGRAPH BOX

i) **Indent left:** - This option is used to we can move the paragraph to the left side.

ii) **Indent right:** - This option is used to we can move the paragraph to the right side.

iii) **Spacing before:** - This option is used to we can take space before the paragraph.

iv) **Spacing after:** - This option is used to we can take space after the paragraph.

5. ARRANGE BOX

i) **Bring to front:** - This option is used to we can bring the selected object in front of another object.

ii) **Send to back:** - This option is used to we can send the selected object behind another object.

iii) **Position:** - This option is used to we can set the area of any drawing object in the page.

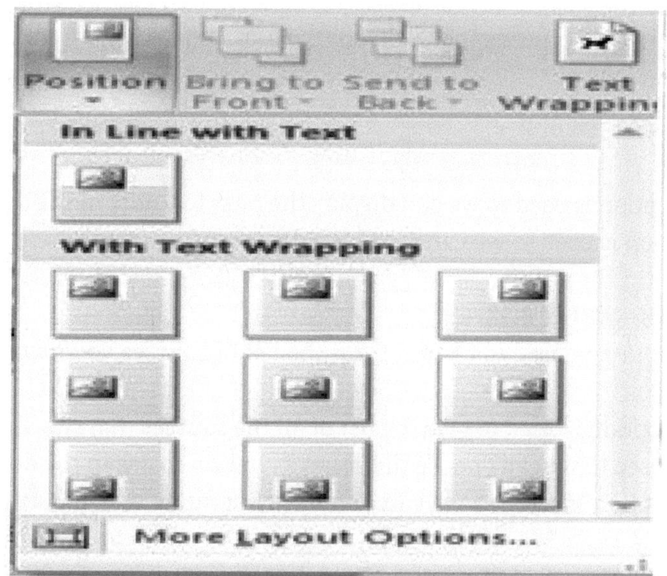

iv) **Text wrapping:** - This option is used to we can change the way the text is wrapped around the selected object.

v) **Align:** - This option is used to we can set the alignment for object left , right, center, middle , top, bottom etc.

vi) **Group:** - This option is used to we can group the selected object. For group the object we can press the control or shift key and click by Mouse and the grouped object.

vii) **Rotate:**- This option is used to we can rotate the selected object in degree and percentage wise.

REFERENCE TAB

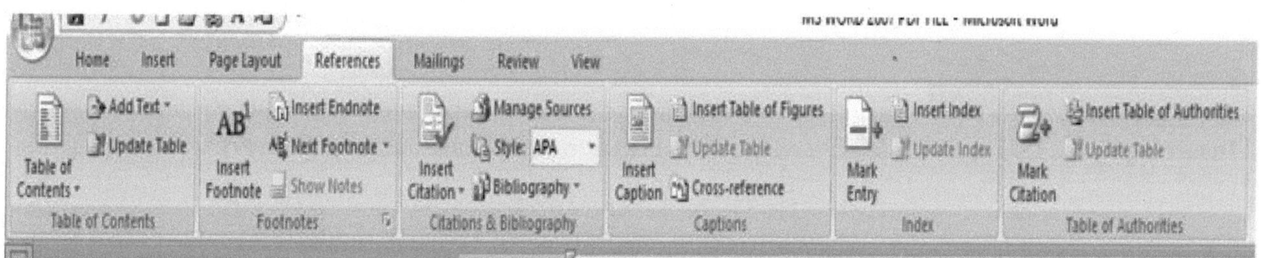

1.TABLE OF CONTENTS BOX

i) **Table of contents:** - This option is used towe can add a table of content for document index.

Example: -fundamental 1

Windows..5

MS Word.... 9

ii) **Add text:** - This option is used towe can add a text label to make links with chapter headings.

iii) **Update table:** - This option is used to we can update the table of content show that all entries refer to the correct page number.

2.FOOTNOTES BOX

i) **Insert footnote (Alt+ ctrl+f):**- This option is used towe can insert footnote in footer area of the page.

ii) **Insert endnote (Alt+ctrl+d):**- This option is used to we can insert endnote in the whole document at the end of the matter.

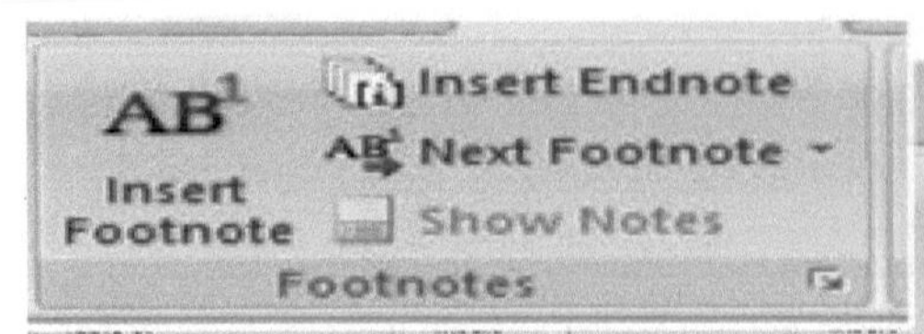

iii) **Next footnote:** - This option is used to we can display the next footnote in the document.

iv) **Show notes:** - This option is used to we can scroll the document to show where the footnotes and endnotes are located.

3.CITATION AND BIBLIOGRAPHY BOX

i) **Insert citation:** - This option is used to choose from the list of sources you have created information for a new source like author for book.

ii) **Manage source:** - This option is used to give the list of all the sources that stay in the document.

iii) **Style:** - This option is used to we can choose the style of citation to use in the document.

iv) **Bibliography:** - This option is used to we can add a bibliography which lists all the sources that stay in the document.

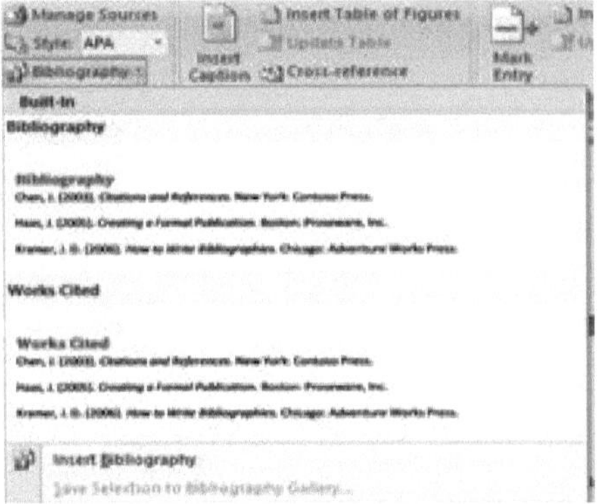

4.CAPTION BOX

i) **Insert caption:** - This option is used to we can add a caption to a picture, image and any other shape.

ii) **Table of figure dialogue:** - This option is used to we can insert a table of figures into the document.

iii) **Cross reference:** - This option is used to we can refer to an item such as a heading, footnote, bookmark etc.

iv) **Update table of figure dialogue:**- This option is used to we can update table of figure dialogue to include all the entry's correct page number.

5.INDEX BOX

i) **Mark entry (Alt+ Shift+ x):**- This option is used to include the selected text in the index by mark.

ii) **Update index:** - This option is used to we can update the index to show that all the entries refer to the correct page number.

iii) **Insert index:** - This option is used to we can insert index for mark entry in a document.

6.TABLE OF AUTHORITIES BOX

i) **Mark citation (Alt+ Shift+ I):**- This option is used to we can add the selected text as an entry in the table.

ii) **Insert table of authorities:** - This option is used to we can insert table of authorities for Marks citation.

iii) **Update table of authorities:** - This option is used to we can update the table of authorities to include all the mark citations that refer to the correct page number.

MAILING TAB

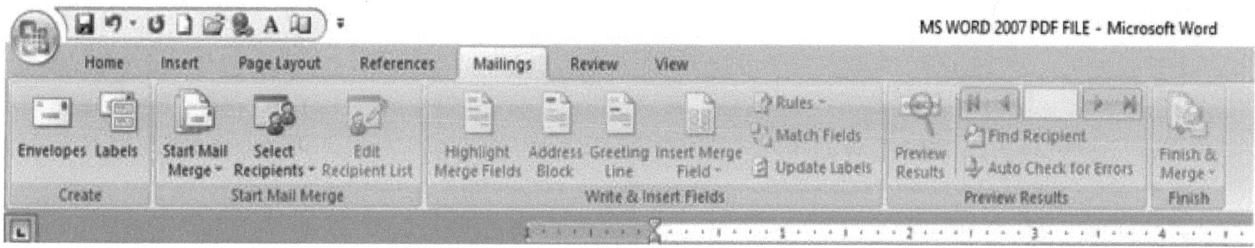

1. CREATE BOX

i) **Envelopes:** - This option is used to we can add envelope paper in documents to add return and delivery address.

ii) **Label:** - This option is used to we can add label for delivery address.

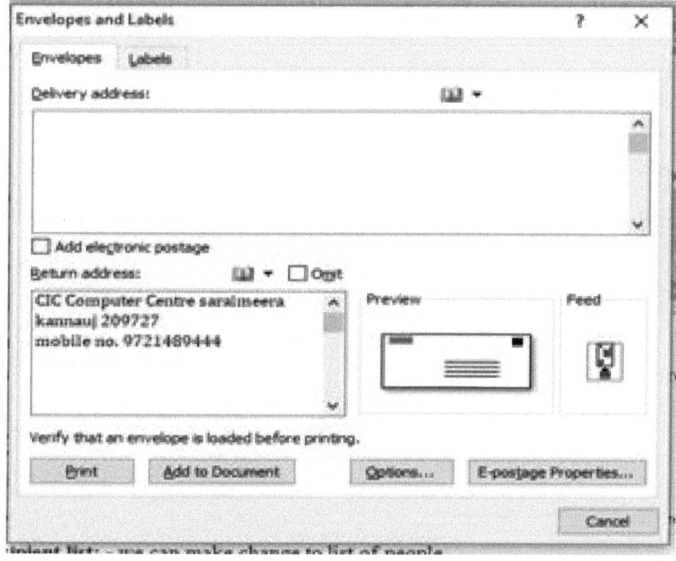

2. START MAIL MERGE BOX

i) **Start mail merge:** - This option is used to starting mail merge after writing a letter.

ii) **Select Recipient:** - This option is used to we can select people from the created list to send the mail by checkbox.

iii) **Edit recipient list:** - This option is used to we can make changes to the list of people.

3. WRITE AND INSERT FIELD BOX

i) **highlight merge fields:** - This option is used to we can highlight the field which you have inserted in the document.

ii) **Address block:** - This option is used to we can add an address block to your page.

iii) **Greeting line:** - This option is used to we can insert a greeting line such as dear father, dear mother, dear friends etc.

iv) **Insert merge field:** - This option is used to we can insert field in your letter. (Father name, address, Aadhar number, mobile number, area code etc)

v) **Match field:** - This option is used to we can see the field that was inserted in the document.

vi) **Update labels:** - This option is used to we can update the inserted merge field and label.

4. PREVIEW RESULT BOX

i) **Preview results:**- This option is used to we can display the preview of your data form.

ii) **Find recipient:**- This option is used to we can find the specified record in the list.

iii) **Auto check for error (Alt +shift+ k):-** This option is used to we can use it to check the error in matter.

5. FINISH BOX

i) **Finish and merge:** - This option is used to complete the mail merge option and passage. Example- print document, send email document for specific data.

REVIEW TAB

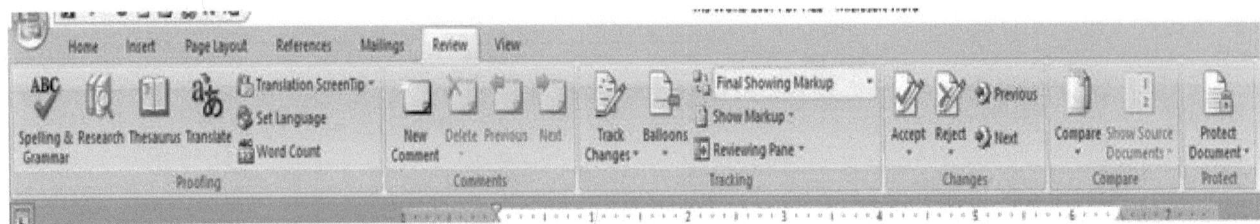

1. PROOFING BOX

i) **Spelling and grammar (F7)**:- This option is used to we can check the spelling and grammar for that matter.

ii) **Research (Alt + click):-** This option is used to open the research task pane to search through reference material such as a dictionary.

iii) **Thesaurus (Shift + F7):-** This option is used to we can suggest another word with a similar meaning to the word you have selected.

iv) **Translate:** - This option is used to we can translate the selected text in a different language.

v) **Word count:** - This option is used to we can find out the number of words, characters, lines, paragraphs, and pages in the document.

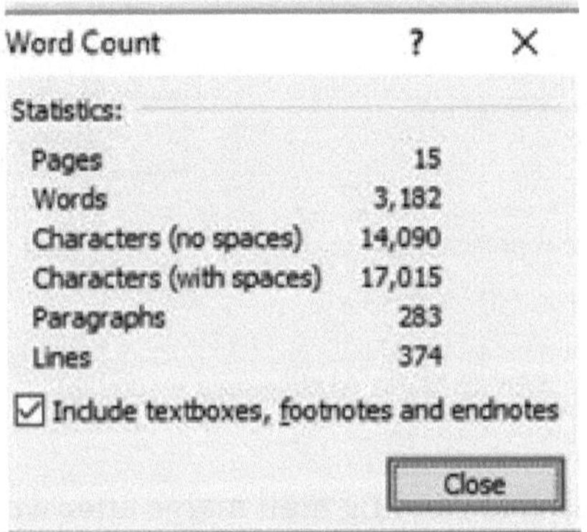

2. COMMENT BOX

i) **New comment:** - This option is used to we can insert a new comment in the document for any specified word.

ii) **Delete:** - This option is used to we can delete any selected comment.

iii) **Previous:** - This option is used to we can see the previous comment in the page.

iv) **Next:** - This option is used to we can see the next comment on the page.

3. TRACKING BOX

i) **Track change (ctrl+Shift+e):-** This option is used to we can change the track of comments, author name and comments color according to author.

ii) **Balloons:** - This option is used to we can see the comment in the balloon style in a rectangle shape object.

iii) **Final showing markup:** - This option is used to we can see the document in the final preview and all comments are hidden.

iv) **Reviewing pane:** - This option is used to we can see all comments in the horizontal and vertical reviewing pane.

v) **Show markup:** - This option is used to we can see the comment in original and final show markup.

4. CHANGE BOX

i) **Accept:** - This option is used to we can accept all changes in MS Word.

ii) **Reject and move to next:** - This option is used to we can reject and move all changes.

iii) **Previous change:** - This option is used to we can see the previous work in this option.

iv) **Next change:** - This option is used to we can see the next work in this option.

5. COMPARE BOX

i) **Compare:** - This option is used to we can compare multiple versions of the document and we can compare files in other software.

ii) **Combine:** - This option is used to we can combine multiple versions of a document and we can combine or joint two files in another document.

iii) **Show source document:** - This option is used to show the source of the compare and combine document file.

6. PROTECT BOX

i) **Protect:** - This option is used to we can protect our document file by giving any password.

VIEW TAB

1. DOCUMENT VIEW BOX

i) **Print layout:** - This option is used to we can see our document to when it will print.

ii) **Full screen reading:** - This option is used to we can see our document matter in full screen and all elements will be hidden.

iii) **Web layout:** - This option is used to we can view our document like the web page.

iv) **Outline:** - This option is used to we can create heading in a Word document and change the sequence of heading matter.

v) **Draft:** - This option is used to we can save a document like a draft and paper set with minimum zooming.

2. SHOW / HIDE BOX

i) **Ruler:** - This option is used to we can show or hide the ruler on the page.

ii) **Grid line:** - This option is used to we can see the page in graph paper style. This option is used to show or hide grid lines in the page.

iii) **Document map:** - This option is used to allows you to navigate through a structure view of our heading.

iv) **Thumbnail:** - This option is used to display the page in a small view on the left side of the page.

v) **Message bar:** - This option is used to we can show or hide the message bar.

3.ZOOM BOX

i) **Zoom:** - This option is used to we can zoom out at the specified zooming level.

ii) **100%:**- This option is used to we can see our page in hundred percent zooming points.

iii) **One page:** - This option is used to we can see in MS Word window one page present on screen.

iv) **Two page:** - This option is used to we can see in MS Word window two pages present in home screen.

v) **Page width:** - This option is used to we can see the page normally showing in the window.

4. WINDOW BOX

i) **New window:** - This option is used to open a new window containing a view of the current document.

ii) **Arrange all:** - This option is used to we can arrange our window in cascade style, horizontal title side by side on the screen.

iii) **Split:** - This option is used to splitting the window into a multiple re-sizable page containing the view in your document.

iv) **View side by side:** - This option is used to we can see our MS Word Windows side by side on the desktop.

v) **Synchronous scrolling:** - This option is on position scrolling two windows in one time and off position One Window scrolling in one time.

vi) **Reset window position:** - This option is used to we can reset the window position.

vii) **Switch window:** - This option is used to we can switch to the current different open window and directly jump in any window.

5. MACRO BOX

i) **Macros (Alt + F8):**-This option is used to record the matter.

PPP

NINE

MICROSOFT EXCEL - 2007

MICROSOFT EXCEL INTRODUCTION:-

Microsoft Excel is a spreadsheet program which allows you to create a spreadsheet as your requirement. This spreadsheet program manipulates and presents your data in almost any way you choose. It allows you to work on a tabular pad consisting of columns and rows where you can perform all your mathematical, financial, and calculation. There are totally rows 1048576 and columns 16384. The extension of Excel is [.xlsx] and cell is 17179869184. Last column name- xfd.

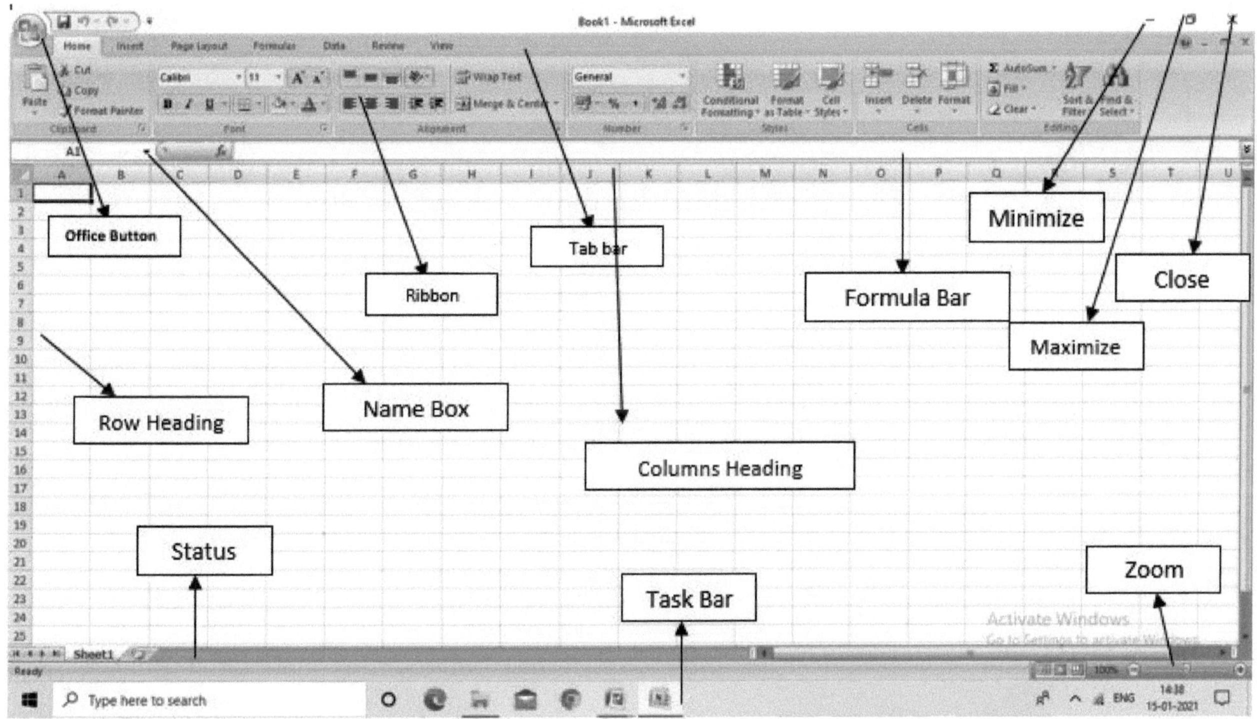

FEATURES OF MS EXCEL 7

1. We can change the font size and style.
2. Header & Footer can also included in the sheet.
3. We can create any type data tablewise , list wise for easy filter.
4. Document can be saved on disk and used again and whenever necessary, give the password to protect your file.
5. Excel also provides facility of mail merge, online help and macro.

HOW TO OPEN MS EXCEL-

i) Click start, all programs, Microsoft Office, Microsoft Excel and enter.

ii) Click start and go to run/search enter type Excel.

COMPONENT OF MS EXCEL-

1. **Title bar:** -The title bar displays the name of the present active document and it has three buttons: maximize, minimize and close. It has a quick access toolbar for quick access work.
2. **Menu bar / tab:** -There are by default show 7 tabs in MS Excel. (Home, insert, page layout, formula, data, review, view). If you work with the shape option, then open a format tab. If you work with table options then open the design and layout.
3. **Name box:** -This box displays the name of the current active cell.
4. **Heading:** - We can see the row and column headings name.
5. **Scroll bar:** -We can move the sheet left, right, up and down. There are two types of scrollbar

   a. Vertical b. Horizontal

6. **Formula bar:** -We can see any formula inserted in the cell.
7. **Ribbon:**- There are show the all tab option for working.

OFFICE BUTTON:-

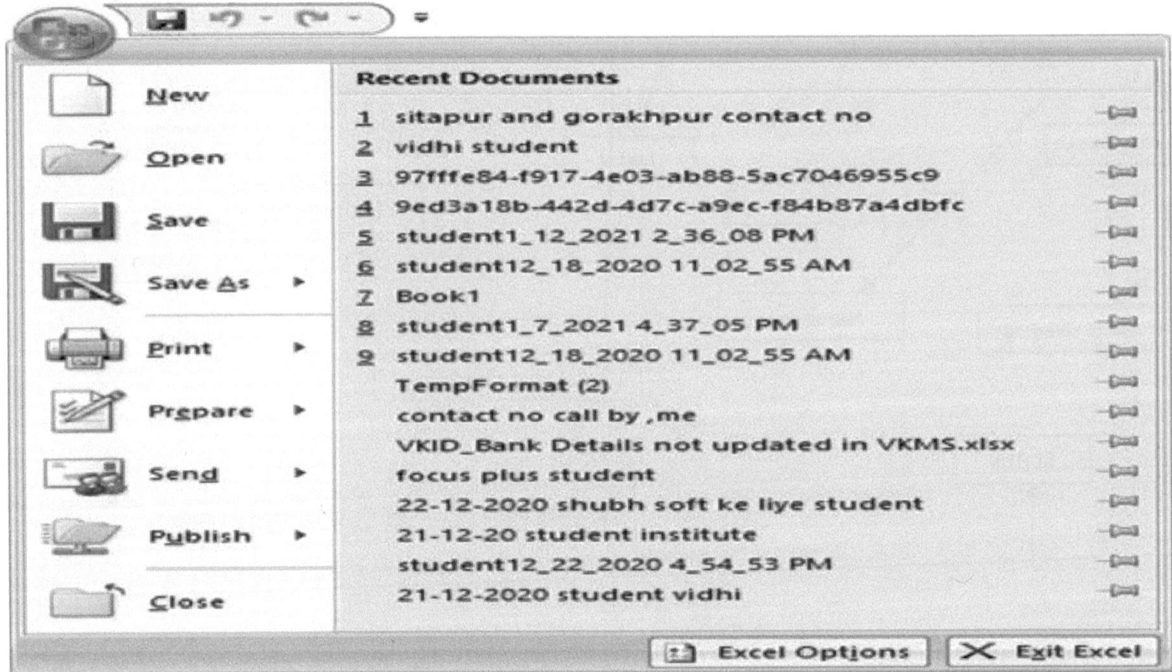

1. **New (ctrl+n):**-This option is used to open the new sheet.
2. **Open (ctrl+o):**-This option is used for reopening an old sheet.
3. **Save (ctrl+s):**-This option is used to save our file matter with a new name and give any password.
4. **Save As (F12):**-This option is used to save our old file matter with new name, new location and give any password.
5. **Print (ctrl+p):**-This option is used to print our file matter.
6. **Print Preview (ctrl +F2):**-This option is used to preview the printed sheet.

7. **Send:** -This option used to send our file matter by internet email and internet fax.
8. **Prepare:** -This option is used to see the property of a file document.
9. **Close:** -This option used to close the file one by one.
10. **Exit (alt+F4):**-This option used to exit the MS Excel window.
11. **Option:** -This option is used to change the setting of MS Excel.

HOME TAB

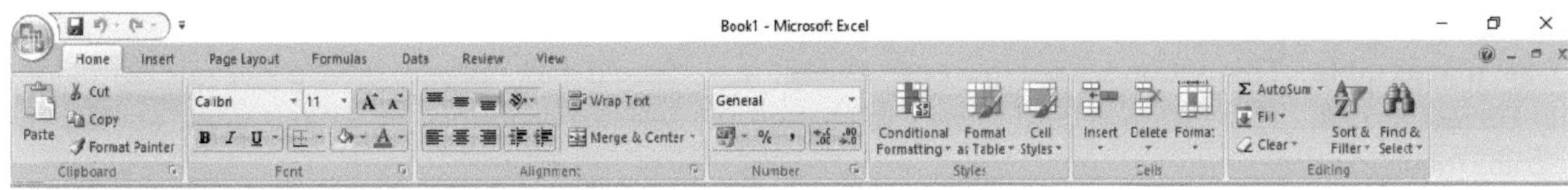

1. **CLIPBOARD BOX**

i) **Cut (ctrl+x):**-This option is used to cut the selected matter.

ii) **Copy (ctrl+c):**-This option is used to create a duplicate matter.

iii) **Paste (ctrl+v):**-This option is used to paste the cut and copied matter.

iv)**Paste Special (Alt+ctrl+v):**-This option is used to make a new link between two software and make a duplicate file.

v) **Format Painter (ctrl+shift+c):**-This option is used to copy formatting from one place and apply in the next place for selected matter.

2. **FONT BOX**

i) **Font Face (ctrl+shift+f):**-This option is used to change the font styles.

ii) **Font Size (ctrl+shift+p):**-This option is used to change the font size.

iii) **B.I.U.:**-This option is used to make your matter bold, Italic, underline.

B:-Bold (ctrl+b) I:-Italic (ctrl+i) U: underline (ctrl+u)

iv) **Increase font (ctrl+>):**- This option is used to we can increase/grow the font size point to point.

v) **Decrease font (ctrl+<):**- This option is used towe can decrease/shrink the font size point to point.

vi) **Border:** - This option is used to we can customize the border outside for the selected cell.

vii) **Font Color:** - This option is used to change the color of selected text.

viii) **Fill Color:** - This option is used to fill the color for the selected cell background.

3. **ALIGNMENT BOX**

i) **Top alignment:** - This option is used to we can set the alignment at the top of the cell.

ii) **Middle alignment:** - This option is used to we can set the alignment in the middle of the cell.

iii) **Bottom alignment:** - This option is used to we can set the alignment at the bottom of the cell.

iv) **Align text left:** - This option is used to we can set the align on the left of the cell.

v) **Align text right:** - This option is used to we can set the align in the right of the cell.

vi) **Align text center:** - This option is used to we can set the alignment in the center of the cell.

vii) **Orientation:** - This option is used to we can set the page portrait or landscape.

viii) **Increase indent (ctrl+alt+ tab):**- This option is used to we can move the matter right side in the cell.

ix)**Decrease indent (ctrl+alt+shift tab):**- This option is used towe can move the matter left side in the cell.

x) **Wrap text:** - This option is used to we can make all contents visual with a cell by displaying in multiple lines.

xi) **Merge and center:** - This option is used to joining the selected cell into a large cell and Center the contents in the new cell.

4. **NUMBER BOX**

i) **Number format:**- This option is used to choose how the value in a Cell is displayed as a percent, comma style, currency, long date, short date, date and time, accounting number format etc.

ii) **Accounting number format:** - This option is used to choose as alternate currency format for the selected cell.

iii) **Percentage:** - This option is used to we can display the value of the cell as a percentage.

iv) **Merge and cell:** - This option is used to joining the selected cell into one large cell.

v) **Increase decimal (ctrl+alt+ tab):**- This option is used to we can show more decimal value increase in points.

vi) **Decrease decimal (ctrl+alt+shift tab):**- This option is used to we can decrease the decimal value decrease in point.

5. **STYLE BOX**

i) **Conditional formatting:** - This option is used to we can highlight interesting cell data size, unusual values, visually see data in data bars, colors, icons etc.

ii) **Format as table:** - This option is used to we can change any selected data range in table style.

iii) **Format as cell:** - This option is used to we can change any selected range cell by default mode and file many type color mode in cell.

6.CELL BOX

i) **Insert cell:** - This option is used to inserting the row, column, cell, and sheet.

ii) **Delete cell:** - This option is used to deleting rows, columns, cell, and sheet.

iii) **Format cell:** - This option is used to change the row height and column width.

7. **EDITING BOX**

i) **Fill:** - This option is used to you can fill a cell in any direction and into any range of adjust cells.

ii) **Auto sum:** - This option is used to we can display the sum, average, maximum, minimum, count function is also show of selected cells.

iii) **Clear:** - This option is used to we can remove anything from the cell.

iv) **Sort:** - This option is used to we can arrange the matter in ascending (A-Z) and descending (Z-A) order.

v) **Filter:** - This option is used to we can filter easily to analyze data.

vi) **Find (ctrl + f):**- This option is used to we can search the character and string of the sheet.

vii) **Replace (ctrl + h):**- This option is used to we can replace any found character.

viii) **Select all (ctrl + a):**- This option is used to we can select all matter in one time.

INSERT TAB

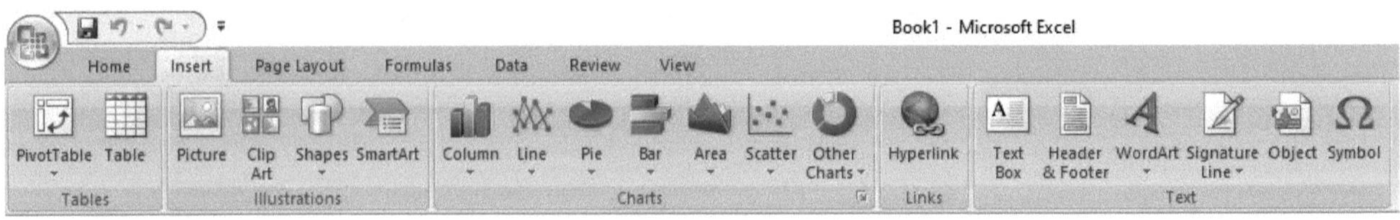

1. TABLE BOX

i) **table (ctrl+t):**- This option is used to we can insert a table with a row and column.

ii) **Pivot table:** - This option is used to we can see a specific data record in the sheet.

2. ILLUSTRATION BOX

i) **Picture:** - This option is used to inserting the image from a file.

ii) **Clip art:** - This option is used to inserting pictures from MS Office setup images, web collection, computer gallery.

iii) **Shape:** - This option is used to inserts many different types of shape.

iv) **Smart art:** - This option is used to converts text to smart art graphics.

v) **Chart:** - This option is used to insert chart for specific data.

Example- column chart, bar chart, area chart etc.

3. **LINK BOX**

i) **Hyperlink (ctrl+k):-** This option is used to make a link with any word (character) between many files for any other software.

4. **TEXT BOX**

i) **Text box: -** This option is used to inserts a text box for writing any matter in the page in any position.

ii) **Header: -** This option is used to we can edit the header at the top of the document page.

iii) **Footer: -** This option is used to we can edit the footer bottom of the document page.

iv) **Word art: -** This option is used to inserts a decorative text in the page.

v) **Signature line: -** This option is used to inserts the signature line for sign in any position in the page.

vi) **Object:-** This option is used to we can make a link between any software.

vii) **Symbol: -** This option is used to inserts the symbols which do not appear on the keyboard.

PAGE LAYOUT TAB

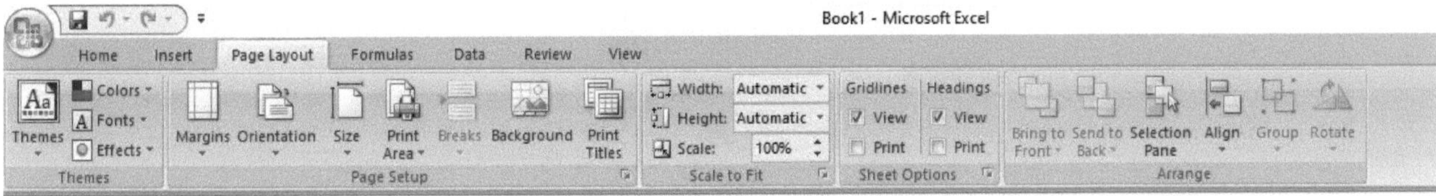

1. **THEME BOX**

i) **Theme color:** -This option used to change the color of the whole document according to theme.

ii) **Theme font:** -This option used to change the selected font according to the theme font.

iii) **Theme effect:** -This option used to change the effect of the current document.

2. **PAGE SETUP BOX**

i) **Margin:** -This option for setting the margin size for the entire document (left, right, top, and bottom) and gutter position of the document.

ii) **Orientation: -** This option is used to we can set the paper between portrait and landscape.

iii) **Paper size: -** This option is used to we can set the paper size for the current section. (A4, A5, letter size, legal size, postcard paper size, Japanese size etc)

iv) **Print Area:-** This option is used to we can set the specify print area for print

a).**set print area: -** This option is used to we can set the area for print.

b).**Clear Print Area: -** This option is used to we can clear the selected printed area.

C) **Add Print Area: -** This option is used to we can add some more area for print.

v) **Break: -** This option is used to we can insert the break in the current sheet.

vi) **Background: -** This option is used to we can insert a background for the sheet.

vii) **Print title: -** This option is used to we can specify the row and column to repeat on which is printed.

3. **SCALE TO FIT BOX**

a). **Width: -** This option is used to change the width of the printed output to fit the maximum number of pages.

b) **Height: -** This option is used to change the height of the printed output to fit the maximum number of pages.

c). **Scale: -** This option is used to change the scale of printed output to a percent of actual size.

4. **SHEET OPTIONS BOX**

a) **Grid line**

i) **View: -** This option is used to we can show the grid Lines between row and column in the sheet to make editing, reading easier.

ii) **Print: -** This option is used to we can print the grid line between row and column in the sheet to make editing, reading easier in printed output.

b) **Heading**

i) **View:** - This option is used to we can show row and column heading.

ii) **Print:** - This option is used to we can print row and column heading in print out.

iii) **Right to Left:**- This option is used to we can move the row and column heading right side.

5. **ARRANGE BOX**

i) **Bring to front:** - This option is used to we can bring the selected object in front of another object.

ii) **Send to back:** - This option is used to we can send the selected object behind another object.

iii) **Selection pane:** -The selection pane help to select individual objects and to change their order and visibility.

iv) **Align:** - This option is used to we can set the align for object left, right, center, middle, top, bottom etc.

v) **Group:**- This option is used to we can group the selected object. To group the object we can press the control or shift key and click by Mouse and grouped the object.

vi) **Rotate:** - This option is used to we can rotate the selected object in degree and percentage wise.

FORMULA TAB

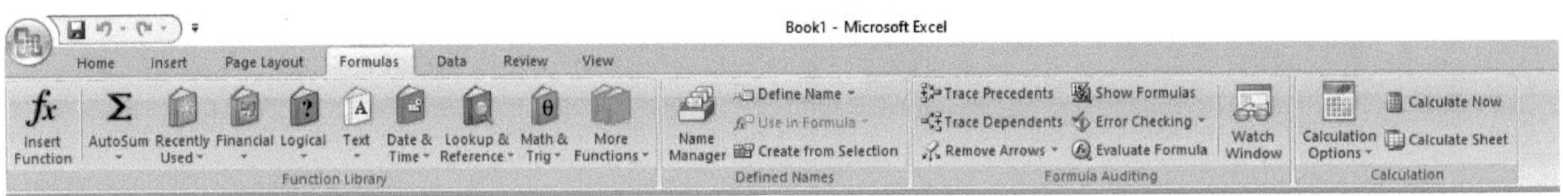

1. **FUNCTION LIBRARY BOX**

i) **Insert Function:** - This option is used to we can insert any function in the current active cell and edit the formula in any cell.

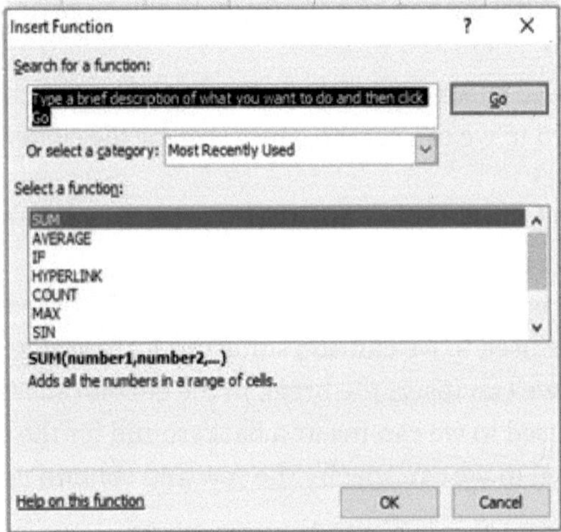

ii) **Auto sum:** - This option is used to we can display the sum of the selected cell range.

iii) **Recently used:** - This option is use to see the recently used function in excel sheet.

iv) **Financial:** - This option is used to we can browse and select the financial function in the list.

v) **Logical:** - This option is used to we can browse and select the logical function in the list.

vi) **Text:** - This option is used to we can convert text in any case. (Upper, lower, proper)

vii) **Date & time:** - This option is used to we can insert date and time related formulas in the sheet.

viii) **Lookup & Reference:** - This option is used to we can insert a lookup and reference formula in the sheet.

ix) **Math & trig:** - This option is used to we can insert math & trigonometry formulas in the sheet.

x) **More function:** - This option is used to we can insert statistical, engineering, cube, square, information function in the sheet.

Formula of text, financial, logical, date & time, lookup:-

1. **ABS ():**-return the absolute value of a number.
   Example: - =ABS (- 13.4)
   = 13.4
2. **INT ():**-rounds a number down to the nearest integer.
   Example: - =int (8.96)=8
   =int (-8.9)
   =-9
3. **MOD ():**-return the remainder from a division.
   Syntax=mod (number, divider)
   Example: - =mod (13, 3)
   = 1
4. **Sum ():**-return the total of its argument.
   Syntax=sum (range) or (any numbers)
   Example: - = sum (4, 5, 13, 3)
   =25
5. **SQRT ():**-return the positive square root.
   Syntax=SQRT (number)
   Example:- = SQRT(49)
   = 7
6. **Power ():**-return the result of a number raised to a power.
   Syntax= power (number, power)
   Example: - =power (2,5)
   =32
7. **Round ():**-round a number to a specified number of digits.
   Syntax: - = round (number, num digit)
   Example: - = round (843.792, 2)
   =843.79
8. **Max ():**-return the maximum value in a list of arguments.
   Syntax=max (Range) or (numbers)
   Example:- = max(5,25,18,20,15,1,3,7)
   = 25
9. **Min ():**-return the minimum value in a list of arguments.
   Syntax=min (Range) or (numbers)
   Example:- = min(5,25,18,20,15,1,3,7)
   = 1
10. **Average ():**-return the average of its argument.
    Syntax= average (Range) or (numbers)
    Example: - = average (51, 20, 25, 29, 15)
    = 28
11. **Count ():**-count how many numbers are in the list of arguments.
    Syntax=count (Range) or (numbers)
    Example: - = count (5, 10, 20, xyz, ABC) = 3
12. **Upper ():**-convert text to uppercase.
    Syntax: - =Upper (text)
    Example: - =upper ("cic computer center")
    = CIC COMPUTER CENTER

13. **Lower ():**-convert text to lowercase.
    Syntax: - =lower(text)
    Example: - =lower ("CIC COMPUTER CENTER")
    = cic computer center
14. **Concatenate ():**-joint several text items into one text item.
    Syntax: - =concatenate (text1, text2...)
    Example: - =concatenate ("soft", "ware")
    = software
15. **Exact ():**-checks to see if two text values are identical.
    Syntax: - =Exact (text1, text 2)
    Example: - =Exact ("color","colour")
    = false
    Syntax: - =Exact (text1, text 2)
    Example: - =Exact ("market"," market")
    = true
16. **Left ():**- returns the left most characters from a text value.
    Syntax: - =left (text, number)
    Example: - =left ("COMPUTER", 4)
    = comp
17. **Right ():**-returns the right most characters from a text value.
    Syntax: - =right (text, number)
    Example: - =right ("COMPUTER",
    = uter
18. **Len ():**-returns the number of characters in a text.
    Syntax: - =Len (text)
    Example: - =Len ("COMPUTER")
    = 8
19. **Proper ():**-capitalizes the first letter in each word of a text value.
    Syntax: - =lower (text)
    Example: - =proper ("cic computer center")
    =Cic Computer Center
20. **Trim ():**-removes space from the text value.
    Syntax: - =TRIM (text)
    Example: - =trim ("............ cic computer center")
    =Cic Computer Center
21. **Date ():**-returns the serial number of a particular date.
    Example: - =date (94, 6, 20)
    =6/20/1994
22. **Today ():**-returns the serial number of today 's date.
    Example: - = today ()
    =system date
23. **Now ():**-returns the current date and time.
    Example: - =now ()
    =current date & time
24. **Year ():**-returns the year of a date.
    Example: - =year ("3/11/2020")
    =2020

25. **Month ():**-returns the month of a date.
    Example: - =month ("3/11/2020")
    =11
26. **Day ():**-returns the day of a date.
    Example: - =day ("3/11/2020")
    =3
27. **Hour ():**-return the hour part as a number from 0 to 23.
    Example: - =hour ("12:15:35 PM")
    =12
28. **Minute ():**--return the minute part as a number from 0 to 59.
    Example: - =minute ("12:15:35 PM")
    =15
29. **Second ():**--return the second part as a number from 0 to 59.
    Example: - =second ("12:15:35 PM")
    =35
30. **And ():**-returns true if all arguments are true otherwise returns false.
    Example:-=and (15>20, 2=2)
    =false.
31. **Or ():**-returns true if any one of the arguments is true else false.
    Example:-=or (15>20, 2=2)
    =true
32. **Not ():**-changes false to true and true to false.
    Example: - =not (8>2)
    =false
33. **If ():**-checks the condition. Returns 2nd argument if true and 3rd if false.
    Example: - =if (35<50,"Welcome","Good bye")
    =welcome
34. **Sumif ():**-the sumif function is used to calculate the total of the cell range but according to the given criteria.
    Syntax:-=sumif (range, criteria, sum range)
35. **Countif ():**-count if function is used to count the number of cells within a range that the given criteria.
    Syntax:-=countif (range, criteria)
36. **Randbetween:** -fill the average value in the selected cell.
    Syntax: - =randbetween (bottom number, top number)
    Example: - = ranbetween (25, 96)
    = 65
37. **Vlookup function ():**-we can find one specific record in the selected sheet.
    Syntax: - =vlookup (lookup range, table array, col. Index_num,[range lookup])
38. **Floor function ():**- this function find the small devided value in devieder.
    Syntax :- =Floor(number,significance)
    Example =floor(2365,25)=2350

2. **<u>DEFINED NAMES</u>**

i) **Name manager:** - This option is used to we can create, edit, delete, and find all the names used in the workbook.

ii) **Define name:** - This option is used to define name cells so that you can refer to them in formula as by that name.

iii) **Use in formula:** - This option is used to choose a name used in this workbook and insert it into the current cell.

iv) **Create from selection (ctrl+shift+F3):**- This option is used to automatically generate names from the selected cells.

3. **FORMULA AUDITING**

i) **Trace precedents:** - This option is used to show arrows that indicate what cells affect the value of the currently selected cell.

ii) **Trace dependents:** - This option is used to show arrows that indicate what cells affect the value of the currently selected cell in one value depend the other values.

iii) **Remove arrows:** - This option is used to remove the arrow drawn by trace precedents and trace dependents.

iv) **Show formula (ctrl+'):**- This option is used to display the formula in each cell instead of the resulting value.

v) **Error checking:** - This option is used to check for common errors that occur in formulas.

vi) **Evaluate formula:** - This option is used to launch the evaluate formula dialog box to debug a formula by evaluating each part of the formula individually.

vii) **Watch window:** - This option is used to monitors the value of a certain cell and changes all made in the sheet.

4. **CALCULATIONS BOX**

i) **Calculation option:** - This option is used to specify when formulas are calculated.

ii) **Calculate now:**- This option is used to we can calculate the entire workbook now.

iii) **Calculate sheet:** - This option is used to we can calculate the current sheet now.

DATA TAB

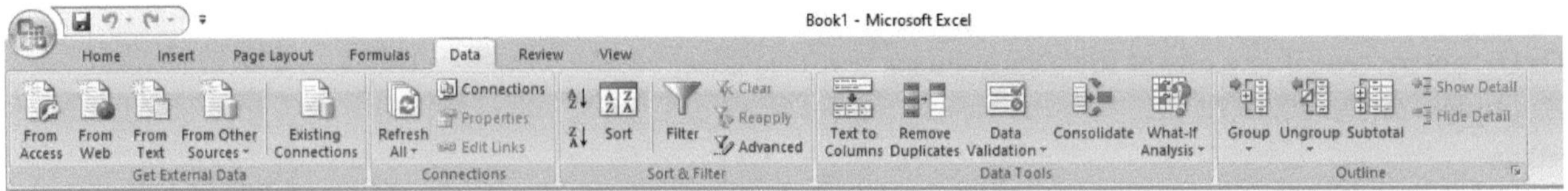

1. **GET EXTERNAL DATA**

i) **form access:** - This option is used to import data from Microsoft access databases.

ii) **From web:** - This option is used to import data from WebPages such as Google, Mozilla Firefox etc.

iii) **From text:** - This option is used to import data from a notepad file.

iv) **From other sources:** - This option is used to we can insert data from other sources.

v) **Exiting connection:**- This option is used to we can connect to an external data source by selecting from a list.

2. **CONNECTION BOX**

i) **Refresh all:**- This option is used to update all the information in the workbook that is coming from a data source.

ii) **Connection:**- This option is used to display all data connection in workbook.

iii) **Properties:** - This option is used to we can display the properties of the connection source data file.

iv) **Edit links:**- This option is used to view all the other files and spreadsheets I linked to so that you can update or remove the links.

3. **SORT & FILTER**

i) **Ascending sort:**- This option is used to we can change the matter order in ascending (a-z).

ii) **Descending sort:** - This option is used to we can change the matter order in descending (z-a).

iii) **Sort:** - This option is used to launch the sort dialog box to sort the database on several criteria at once.

iv) **Filter:** - This option is used to we can enable filtering on selected cells for easy analysis of data.

v) **Clear:**- This option is used to clear the filter and sort arrange data in the selected cell.

vi) **Reapply:**- This option is used to reapply the filter and sort selected range.

vii) **Advance filter:** - This option is used to specify complex criteria to limit which record is included into the result of a query.

4. **DATA TOOLS**

i) **Text to column:** - This option is used to converting text in column by column.

ii) **Data validation:** - This option is used to present valid data from beginning in inters into a cell.

iii) **Consolidate:** - This option is used to we can combine values from multiple ranges into new ranges.

iv) **Remove duplicates:** - This option is used to deleting duplicate values from a sheet.

v) What if analysis:-

A). **scenario manager:** - This option is used to we can create and save different groups of values.

B).**goal-seek:** -Goal seeks option is used to will be fined for the right input when you get the result you want.

C).**data table:**-Data table option is use to allows see the result of many different position input at the same time.

5. **OUTLINE BOX**

i) **Group:** - This option is used to we can group the all selected cell and they can be expanded.

ii) **Ungroup:** - This option is used to we can ungroup the range of cells that was previously grouped.

iii) **Subtotal:** - This option is used to we can total several rows and related data together by automatically inserting subtotal and total for the selected range.

iv) **Show detail:** - This option is used to we can show the group row and column data.

v) **Hide detail:** - This option is used to we can hide the group row and column data.

REVIEW TAB

1. PROOFING BOX

i) **Spelling (F7):**- This option is used to we can check the spelling.

ii) **Research (Alt + click):**- This option is used to open the research task pane to search through reference material such as a dictionary.

iii) **Thesaurus (Shift + F7):**- This option is used to we can suggest another word with a similar meaning to the word you have selected.

iv)**Translate:** - This option is used to we can translate the selected text in a different language.

2. **COMMENT BOX**

i) **New comment:** - This option is used to we can insert a new comment in the document for any specified word.

ii) **Delete:** - This option is used to we can delete any selected comment.

iii) **Previous:** - This option is used to we can see the previous comment in the page.

iv) **Next:** - This option is used to we can see the next comment on the page.

v) **show/hide comment:** - This option is used to we can show or hide the only selected comment.

vi) **Show all comments:** - This option is used to we can show or hide all comments in an excel sheet.

vii) **Show ink:**- This option is used to show or hide the ink annotation on the sheet.

3. **CHANGES BOX**

i) **Protect sheet:** - This option is used to we can prevent unwanted changes to the data in a sheet by specifying where information can be changed.

ii) **Protect workbook:** - This option is used to restrict access to the workbook by preventing new sheets from being created by granting access only to specific people.

iii) **Share workbook:** - This option is used to we can allow multiple people to use this workbook at the same time.

iv) **Protect & share workbook:** - This option is used to we can protect our shared workbook sheet given any password.

v) **Allow users to edit ranges:**- This option is used to we can allow specific people to edit the range of a cell in a protected workbook or sheet.

vi) **Track change:** - This option is used to we can change the track of comments author name and comments color, detection, according to author.

VIEW TAB

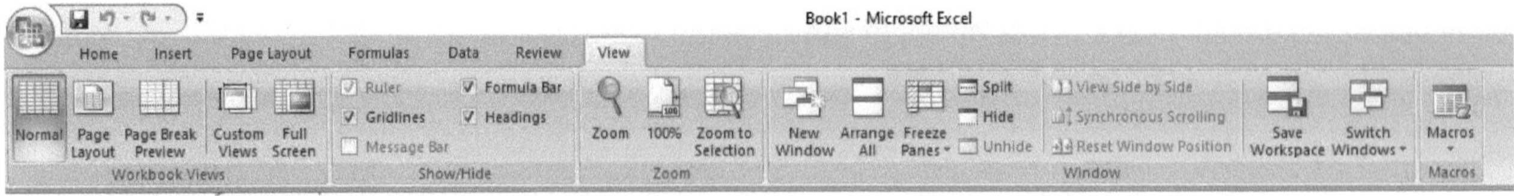

1. **WORKBOOK VIEW BOX**

i) **Normal:** - This option is used to we can see our sheet in normal view to print.

ii) **Page layout:** - This option is used to we can see our sheet in page by page.

iii) **Custom view:** - This option is used to we can save our matter day by day in the sheet.

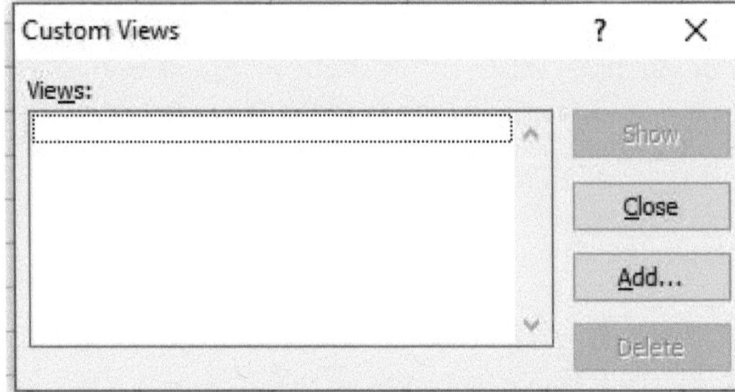

iv) **Full screen:** - This option is used to we can see our document matter in full screen and all elements will be hidden.

2. **SHOW/HIDE BOX**

i) **Ruler:** - This option is used to we can show or hide the ruler on the page.

ii) **Grid line:** - This option is used to we can in graph style. This option is used to show or hide grid lines in the page.

iii) **Message bar:** - This option is used to we can show or hide the message bar.

iv) **Formula bar:** - This option is used to we can show or hide the formula bar.

v) **Headings:** - This option is used to displaying the row and column heading.

3. **ZOOM BOX**

i) **Zoom:** - This option is used to we can zoom out at the specified zooming level.

ii) **100%:**- This option is used to we can see our page in hundred percent zooming points.

iii) **Zoom to selection:**- This option is used to we can zoom our sheet to the maximum zooming point (400 %).

4. **WINDOW BOX**

i) **New window:** - This option is used to open a new window containing a view of the current document.

ii) **Arrange all:** - This option is used to we can arrange our window in cascade style, horizontal title side by side on the screen.

iii) **Freeze panes:** - This option is used to keep a person on the sheet visual while the rest of the sheet is on. It is freeze the any selected row.

iv) **Split:** - This option is used to splitting the window into a multiple re-sizable page containing the view in your document.

v) **Hide:** - This option is used to we can hide the current open window.

vi) **Unhide:** - This option is used to we can unhide the current hide window.

vii) **View side by side:** - This option is used to we can see our MS Excel Windows side by side on the desktop.

viii) **Synchronous scrolling:** -This option is on position scrolling two windows in one time and off position One Window scrolling in one time.

ix) **Reset window position:** - This option is used to we can reset the window position.

x) **Save workspace:** - This option is used to save the current layout of all windows as workspace.

xi) **Switch window:** - This option is used to we can switch to the current different open window and directly jump in any window.

5. **<u>MACRO BOX</u>**

i) **Macros (Alt + F8):**-This option is used to record the matter.

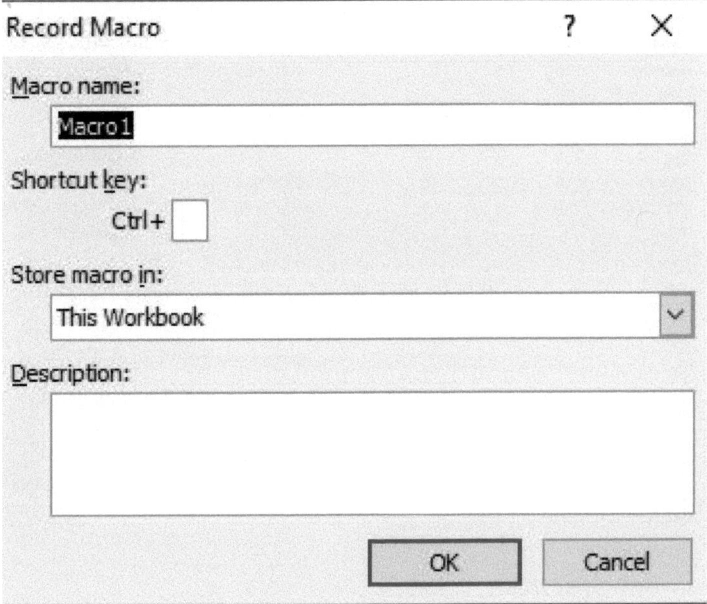

<u>How To Make Datasheet By using Formula :-</u>

1. <u>Interest Sheet</u>

Interest Sheet January 2021

sno	name of employee	post	Principal	Rate(%)	Time (month)	Simple Interest	Ammount	Compound interest
1	Durgesh	manager	30000	2	6	3600	33784.87	3784.87
2	neelam	clerck	16000	3	6	2880	19104.84	3104.84
3	rajesh	clerck	18000	2	5	1800	19873.45	1873.45
4	mohan	assistant	16000	1	4	640	16649.66	649.66
5	rishi	accountant	12000	4	9	4320	17079.74	5079.74
6	radha	accountant	12000	5	3	1800	13891.50	1891.50
7	rohan	Employee	8000	6	3	1440	9528.13	1528.13
8	rakul	Employee	9000	2	5	900	9936.73	936.73
9	pranjal	Employee	6000	3	6	1080	7164.31	1164.31
10	ritesh	Employee	8600	3	6	1548	10268.85	1668.85
11	priya	Employee	5600	2	6	672	6306.51	706.51
12	alka	Employee	8900	1	6	534	9447.53	547.53

Interest sheet With Formula

Interest sheet january 2021

sno	name of employee	post	Principal	Rate(%)	Time (month)	Simple Interest	Ammount	Compound interest
1	Durgesh	manager	30000	2	6	=D6*E6*F6/100	=D6*(1+E6/100)^F6	=H6-D6
2	neelam	clerck	16000	3	6	=D7*E7*F7/100	=D7*(1+E7/100)^F7	=H7-D7
3	rajesh	clerck	18000	2	5	=D8*E8*F8/100	=D8*(1+E8/100)^F8	=H8-D8
4	mohan	assistant	16000	1	4	=D9*E9*F9/100	=D9*(1+E9/100)^F9	=H9-D9
5	rishi	accountant	12000	4	9	=D10*E10*F10/100	=D10*(1+E10/100)^F10	=H10-D10
6	radha	accountant	12000	5	3	=D11*E11*F11/100	=D11*(1+E11/100)^F11	=H11-D11
7	rohan	Employee	8000	6	3	=D12*E12*F12/100	=D12*(1+E12/100)^F12	=H12-D12
8	rakul	Employee	9000	2	5	=D13*E13*F13/100	=D13*(1+E13/100)^F13	=H13-D13
9	pranjal	Employee	6000	3	6	=D14*E14*F14/100	=D14*(1+E14/100)^F14	=H14-D14
10	ritesh	Employee	8600	3	6	=D15*E15*F15/100	=D15*(1+E15/100)^F15	=H15-D15
11	priya	Employee	5600	2	6	=D16*E16*F16/100	=D16*(1+E16/100)^F16	=H16-D16
12	alka	Employee	8900	1	6	=D17*E17*F17/100	=D17*(1+E17/100)^F17	=H17-D17

salary sheet | interest sheet

Interest sheet Formula:-

Simple Interest = (Principal *Rate*Time/100)

Amount = Principal * (1+rate/100)^time

Compound interest = Amount – Principal

2. **Salary Sheet**

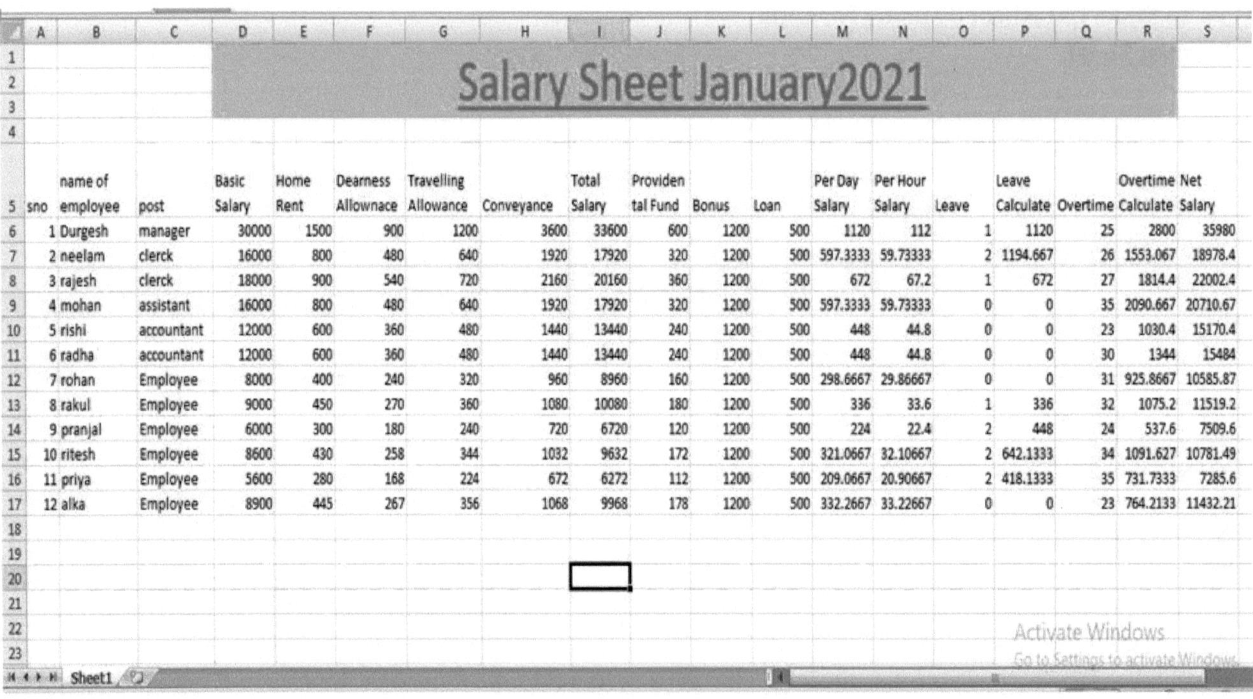

Salary Sheet January2021

sno	name of employee	post	Basic Salary	Home Rent	Dearness Allownace	Travelling Allowance	Conveyance	Total Salary	Providental Fund	Bonus	Loan	Per Day Salary	Per Hour Salary	Leave	Leave Calculate	Overtime	Overtime Calculate	Net Salary
1	Durgesh	manager	30000	1500	900	1200	3600	33600	600	1200	500	1120	112	1	1120	25	2800	35980
2	neelam	clerck	16000	800	480	640	1920	17920	320	1200	500	597.3333	59.73333	2	1194.667	26	1553.067	18978.4
3	rajesh	clerck	18000	900	540	720	2160	20160	360	1200	500	672	67.2	1	672	27	1814.4	22002.4
4	mohan	assistant	16000	800	480	640	1920	17920	320	1200	500	597.3333	59.73333	0	0	35	2090.667	20710.67
5	rishi	accountant	12000	600	360	480	1440	13440	240	1200	500	448	44.8	0	0	23	1030.4	15170.4
6	radha	accountant	12000	600	360	480	1440	13440	240	1200	500	448	44.8	0	0	30	1344	15484
7	rohan	Employee	8000	400	240	320	960	8960	160	1200	500	298.6667	29.86667	0	0	31	925.8667	10585.87
8	rakul	Employee	9000	450	270	360	1080	10080	180	1200	500	336	33.6	1	336	32	1075.2	11519.2
9	pranjal	Employee	6000	300	180	240	720	6720	120	1200	500	224	22.4	2	448	24	537.6	7509.6
10	ritesh	Employee	8600	430	258	344	1032	9632	172	1200	500	321.0667	32.10667	2	642.1333	34	1091.627	10781.49
11	priya	Employee	5600	280	168	224	672	6272	112	1200	500	209.0667	20.90667	2	418.1333	35	731.7333	7285.6
12	alka	Employee	8900	445	267	356	1068	9968	178	1200	500	332.2667	33.22667	0	0	23	764.2133	11432.21

Sheet1

Salary Sheet with Formula

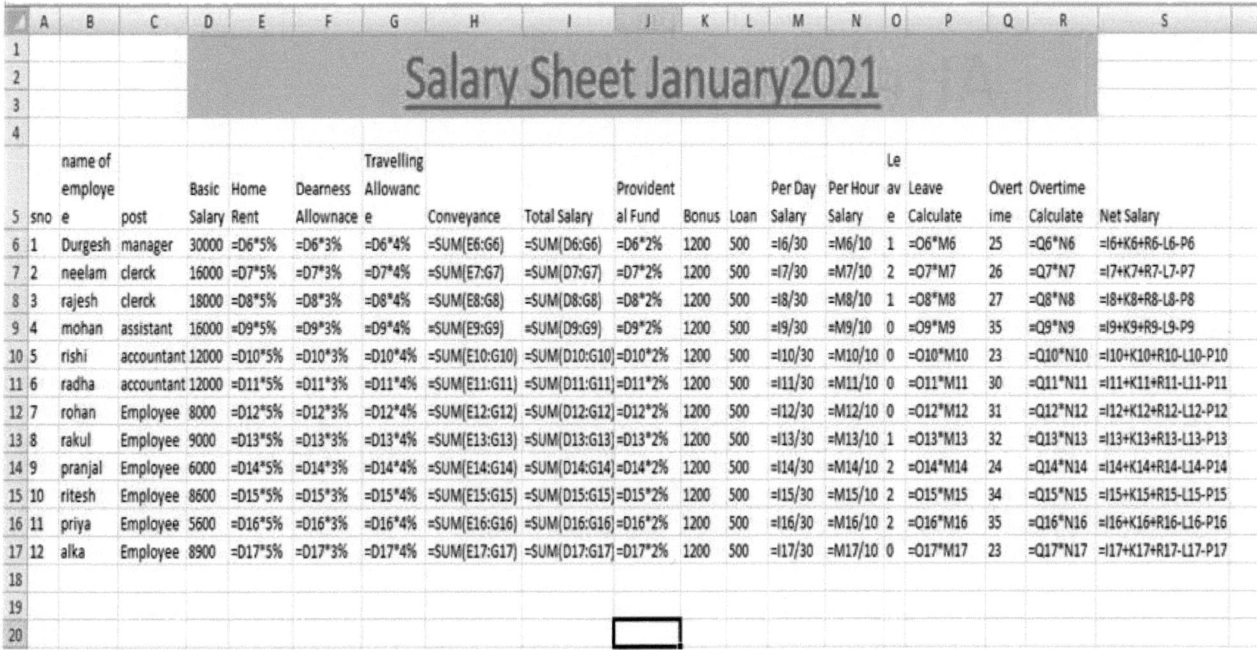

Salary Sheet January2021

	sno	name of employee	post	Basic Salary	Home Rent	Dearness Allownace	Travelling Allowance	Conveyance	Total Salary	Providental Fund	Bonus	Loan	Per Day Salary	Per Hour Salary	Leave	Leave Calculate	Overtime	Overtime Calculate	Net Salary
6	1	Durgesh	manager	30000	=D6*5%	=D6*3%	=D6*4%	=SUM(E6:G6)	=SUM(D6:G6)	=D6*2%	1200	500	=I6/30	=M6/10	1	=O6*M6	25	=Q6*N6	=I6+K6+R6-L6-P6
7	2	neelam	clerck	16000	=D7*5%	=D7*3%	=D7*4%	=SUM(E7:G7)	=SUM(D7:G7)	=D7*2%	1200	500	=I7/30	=M7/10	2	=O7*M7	26	=Q7*N7	=I7+K7+R7-L7-P7
8	3	rajesh	clerck	18000	=D8*5%	=D8*3%	=D8*4%	=SUM(E8:G8)	=SUM(D8:G8)	=D8*2%	1200	500	=I8/30	=M8/10	1	=O8*M8	27	=Q8*N8	=I8+K8+R8-L8-P8
9	4	mohan	assistant	16000	=D9*5%	=D9*3%	=D9*4%	=SUM(E9:G9)	=SUM(D9:G9)	=D9*2%	1200	500	=I9/30	=M9/10	0	=O9*M9	35	=Q9*N9	=I9+K9+R9-L9-P9
10	5	rishi	accountant	12000	=D10*5%	=D10*3%	=D10*4%	=SUM(E10:G10)	=SUM(D10:G10)	=D10*2%	1200	500	=I10/30	=M10/10	0	=O10*M10	23	=Q10*N10	=I10+K10+R10-L10-P10
11	6	radha	accountant	12000	=D11*5%	=D11*3%	=D11*4%	=SUM(E11:G11)	=SUM(D11:G11)	=D11*2%	1200	500	=I11/30	=M11/10	0	=O11*M11	30	=Q11*N11	=I11+K11+R11-L11-P11
12	7	rohan	Employee	8000	=D12*5%	=D12*3%	=D12*4%	=SUM(E12:G12)	=SUM(D12:G12)	=D12*2%	1200	500	=I12/30	=M12/10	0	=O12*M12	31	=Q12*N12	=I12+K12+R12-L12-P12
13	8	rakul	Employee	9000	=D13*5%	=D13*3%	=D13*4%	=SUM(E13:G13)	=SUM(D13:G13)	=D13*2%	1200	500	=I13/30	=M13/10	1	=O13*M13	32	=Q13*N13	=I13+K13+R13-L13-P13
14	9	pranjal	Employee	6000	=D14*5%	=D14*3%	=D14*4%	=SUM(E14:G14)	=SUM(D14:G14)	=D14*2%	1200	500	=I14/30	=M14/10	2	=O14*M14	24	=Q14*N14	=I14+K14+R14-L14-P14
15	10	ritesh	Employee	8600	=D15*5%	=D15*3%	=D15*4%	=SUM(E15:G15)	=SUM(D15:G15)	=D15*2%	1200	500	=I15/30	=M15/10	2	=O15*M15	34	=Q15*N15	=I15+K15+R15-L15-P15
16	11	priya	Employee	5600	=D16*5%	=D16*3%	=D16*4%	=SUM(E16:G16)	=SUM(D16:G16)	=D16*2%	1200	500	=I16/30	=M16/10	2	=O16*M16	35	=Q16*N16	=I16+K16+R16-L16-P16
17	12	alka	Employee	8900	=D17*5%	=D17*3%	=D17*4%	=SUM(E17:G17)	=SUM(D17:G17)	=D17*2%	1200	500	=I17/30	=M17/10	0	=O17*M17	23	=Q17*N17	=I17+K17+R17-L17-P17

Salary Sheet Formula:-

Basic salary	30000
Home rent	=basic salary *5%
Dearness allowance	=basic salary *3%
Travelling allowance	=basic salary *4%
conveyance	= Home rent+ Dearness allowance+ Travelling allowance
Total salary	=basic salary +conveyance
Providential fund	= basic salary *2%
Bonus	1200
Loan	500
Per day salary	=total salary/30
Per hour salary	=per day salary/10
Leave	1
Leave calculate	=leave* per day salary
Overtime (hour)	25
Overtime calculate	=overtime * per hour salary
Net salary	=total salary +bonus+ overtime calculate - leave calculate –providential fund- loan

3. Attendance sheet:-

Attendence Sheet

	sno	name of employee	post	1	2	3	4	5	6	7	8	9	10	11	12	13	14	15	16	17	18	19	20	21	22	23	24	25	26	27	28	29	30	31	total present	total absent	total leave
6	1	Durgesh	manager	P	L	P	P	P	P	S	P	L	P	P	P	P	S	P	L	P	P	P	P	S	P	L	P	P	P	P	S	P	L	P	22	0	5
7	2	neelam	clerck	P	A	P	P	P	P		P	A	P	P	P	P		P	A	P	P	P	P		P	A	P	P	P	P		P	A	P	22	5	0
8	3	rajesh	clerck	P	P	P	P	P	P	U	P	P	P	P	P	P	U	P	P	P	P	P	P	U	P	P	P	P	P	P	U	P	P	P	27	0	0
9	4	mohan	assistant	P	A	P	P	P	P		P	A	P	P	P	P		P	A	P	P	P	P		P	A	P	P	P	P		P	A	P	22	5	0
10	5	rishi	accountant	P	P	P	L	P	P	N	P	P	P	L	P	P	N	P	P	P	L	P	P	N	P	P	P	L	P	P	N	P	P	P	23	0	4
11	6	radha	accountant	P	P	P	P	P	P		P	P	P	P	P	P		P	P	P	P	P	P		P	P	P	P	P	P		P	P	P	27	0	0
12	7	rohan	Employee	P	P	P	P	P	P	D	P	P	P	P	P	P	D	P	P	P	P	P	P	D	P	P	P	P	P	P	D	P	P	P	27	0	0
13	8	rakul	Employee	P	P	P	P	A	P		P	P	P	P	A	P		P	P	P	P	A	P		P	P	P	P	A	P		P	P	P	23	4	0
14	9	pranjal	Employee	P	P	A	P	P	P		P	P	A	P	P	P		P	P	A	P	P	P		P	P	A	P	P	P		P	P	A	22	5	0
15	10	ritesh	Employee	P	P	L	P	P	P	A	P	P	L	P	P	P	A	P	P	L	P	P	P	A	P	P	L	P	P	P	A	P	P	L	22	4	5
16	11	priya	Employee	P	P	A	P	P	P		P	P	A	P	P	P		P	P	A	P	P	P		P	P	A	P	P	P		P	P	A	22	5	0
17	12	alka	Employee	A	P	P	P	P	P	Y	A	P	P	P	P	P	Y	A	P	P	P	P	P	Y	A	P	P	P	P	P	Y	A	P	P	22	5	0
18																																					
19		per day present		11	9	9	11	11	12	0	11	9	9	11	11	12	0	11	9	9	11	11	12	0	11	9	9	11	11	12	0	11	9	9			
20		per day absent		1	2	2	0	1	0	1	1	2	2	0	1	0	1	1	2	2	0	1	0	1	1	2	2	0	1	0	1	1	2	2			
21		per day leave		0	1	1	1	0	0	0	0	1	1	1	0	0	0	0	1	1	1	0	0	0	0	1	1	1	0	0	0	0	1	1			

Attendance sheet formula:- =countif(range,criteria)

Example = countif(D6:AH6,"P")(For present Student)

= countif(D6:AH6,"A")(For absent Student)

= countif(D6:AH6,"L")(For leave Student)

4. High School Mark Sheet:-

High School Mark Sheet

	sno	name of student	Class	Hindi	English	Math	Social Science	Science	Art / Computer	Total	Percent	Division	Result
6	1	Durgesh	10th	52	52	52	52	52	52	312	52.00	second	pass
7	2	neelam	10th	62	62	62	62	62	62	372	62.00	first	pass
8	3	rajesh	10th	61	61	61	61	61	61	366	61.00	first	pass
9	4	mohan	10th	50	50	50	50	50	50	300	50.00	second	pass
10	5	rishi	10th	64	64	64	64	64	64	384	64.00	first	pass
11	6	radha	10th	45	52	45	52	45	52	291	48.50	second	pass
12	7	rohan	10th	55	62	55	62	55	62	351	58.50	second	pass
13	8	rakul	10th	61	61	61	61	61	61	366	61.00	first	pass
14	9	pranjal	10th	59	50	59	50	59	50	327	54.50	second	pass
15	10	ritesh	10th	48	64	48	64	48	64	336	56.00	second	pass
16	11	priya	10th	48	50	48	50	48	50	294	49.00	second	pass
17	12	alka	10th	60	63	60	63	60	63	369	61.50	first	pass

High School Mark Sheet Formula:-

Total	=Hindi + English+ Math+ Social Science+ Science + Art/Computer
Percent	=Total *100/600 (OR) = Total/6
Division	=if(Percent>=60,"first",if(Percent>=45,"second",if(Percent>=33,"third",if(percent<33,"fail"))))
Result	=if(Percent>=33,"pass",if(Percent <33,"Fail"))

TEN

MICRO SOFT POWER POINT -2007

MICROSOFT POWERPOINT INTRODUCTION

Ms PowerPoint is a program which helps the user to prepare a presentation. The Ms Power point presentation include text, graphics, image, clipart, handout, slide etc. using Ms Power point we can make Sufi cited slide show on your computer screen and projection device , in front of an audience you can even publish the slideshow on a webpage. The extension of Ms PowerPoint is [.ppmt].

FEATURES OF MS POWERPOINT

1. It make presentation for show front of audience.
2. This make a slide show of digital knowledge of every type projects.

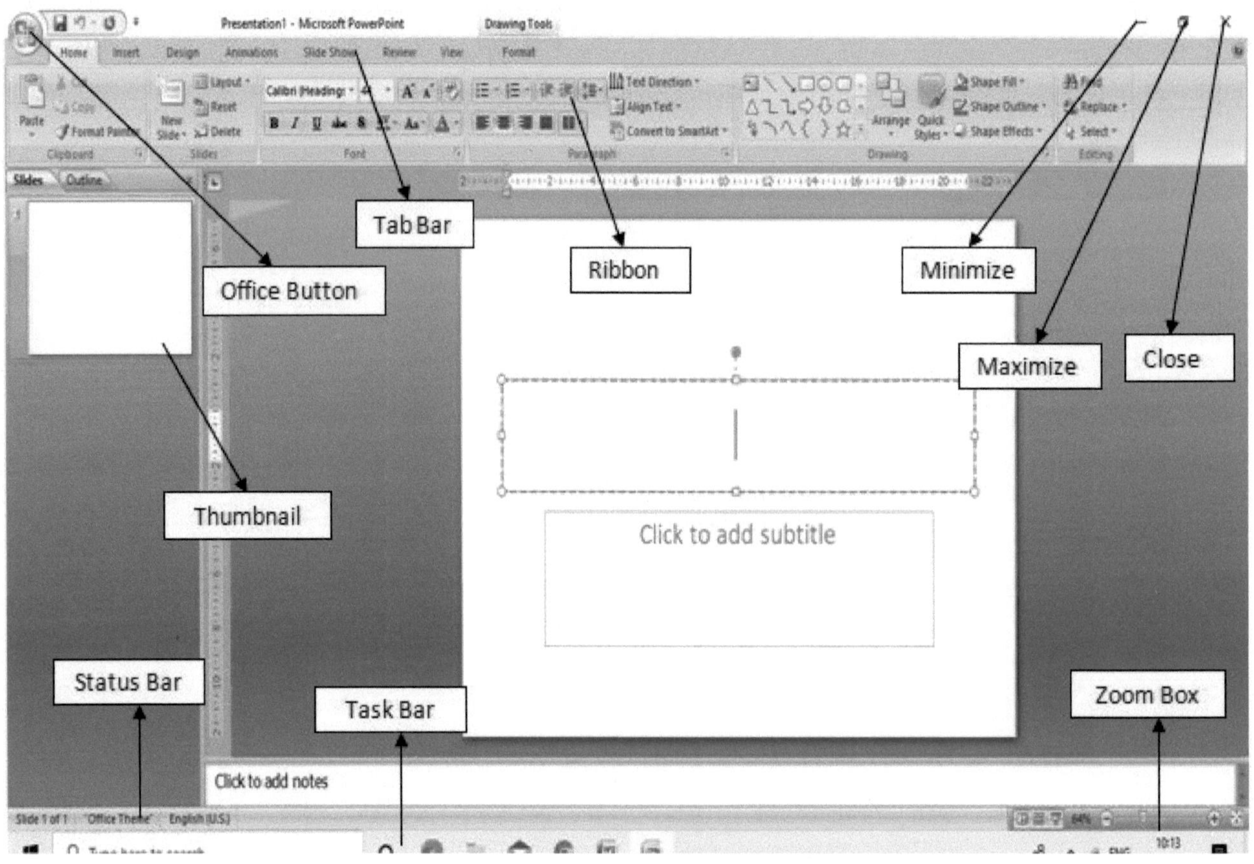

HOW TO OPEN MS POWERPOINT-

1. Start, all programs, ms office, Ms Power point, enter.

COMPONENT OF MS POWERPOINT-

1. **Title bar:** -The title bar displays the name of an active document and it has three buttons: maximize, minimize and close. It has a quick access toolbar like undo, redo, save ....etc.
2. **menu bar / tab bar:**-There are by default show 7 tabs in MS PowerPoint.(home, insert, design, animation, slide show , review, view). If you work with the shape option, then open a format tab. If you work with table options then open the design and layout.
3. **Status bar:** -The status bar displays the position of the cursor pointer.
4. **Ruler:** -It defines the page height and width. There are two types of status bar
   1. Vertical 2. Horizontal
5. **Scroll bar:** -It is used to move the page up, down, left and right. There are two types of status bar
   1. Vertical 2. Horizontal

OFFICE BUTTON:-

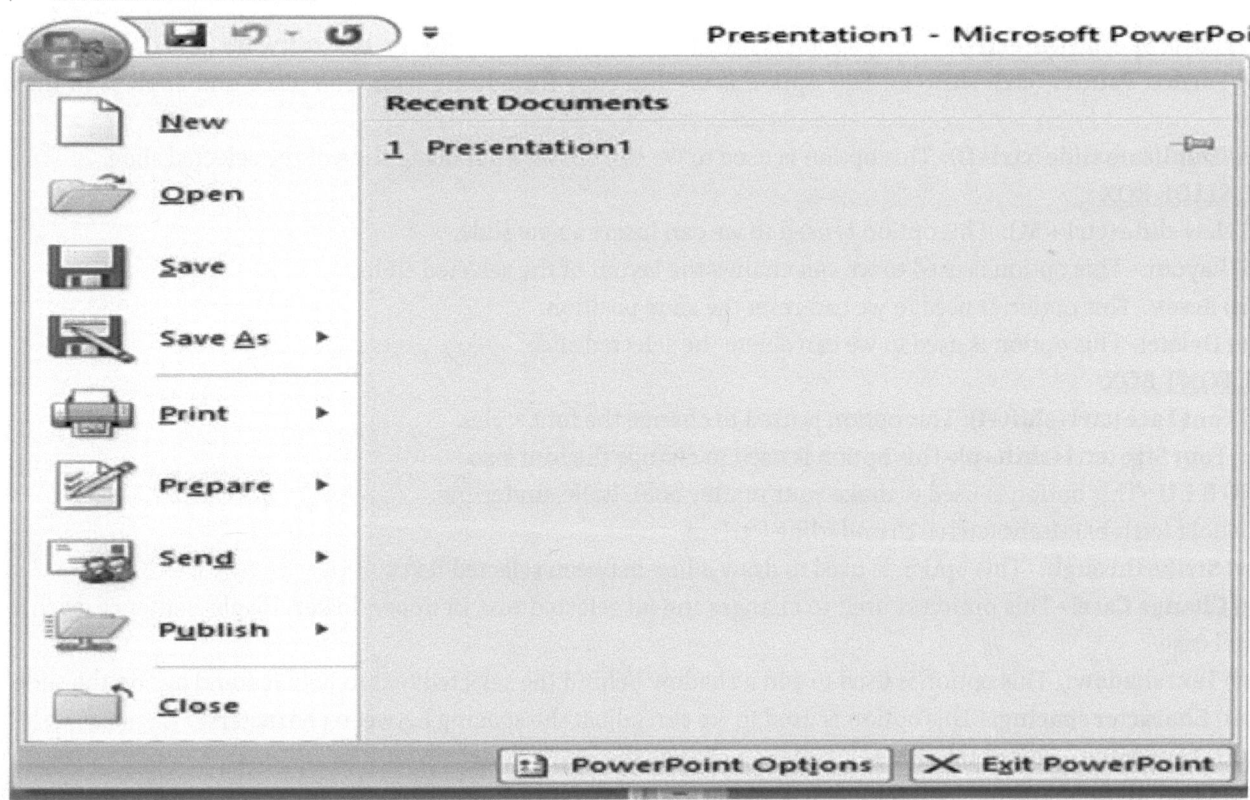

1. **New (ctrl+n):**-This option is used to open the new document.
2. **Open (ctrl+o):**-This option is used for opening an old document.
3. **Save (ctrl+s):**-This option is used to save our file matter with a new name and give any password.
4. **Save As (F12):**-This option is used to save our old file matter with new name, new location and give any password.
5. **Print (ctrl+p):**-This option is used to print our file matter.
6. **Print Preview (ctrl +F2):**-This option is used to preview the printed document.

7. **Send:** -This option used to send our file matter by internet email and internet fax.
8. **Prepare:**-This option is used to see the property of a file document.
9. **Close:** -This option used to close the file one by one.
10. **Exit (alt+F4):**-This option used to exit the MS PowerPoint window.
11. **Option:** -This option is used to change the setting of MS PowerPoint.

HOME TAB

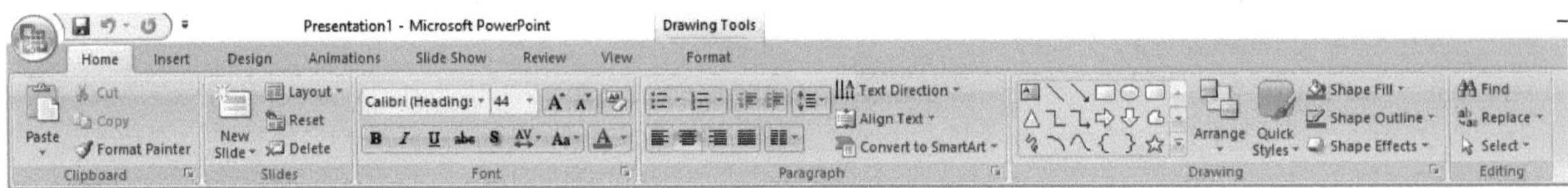

1. CLIPBOARD BOX

i) Cut (ctrl+x):-This option is used to cut the selected matter.

ii) Copy (ctrl+c):-This option is used to create a duplicate matter.

iii) Paste (ctrl+v):-This option is used to paste the cut and copied matter.

iv) Paste Special (Alt+ctrl+v):-This option is used to make a new link between two software.

v) Format Painter (ctrl+shift+c):-This option is used to copy formatting from one place and apply it in the next place.

vi) Duplicate slide (ctrl+D):- This option is used to we can create a duplicate slide of the selected slide.

2. SLIDE BOX

i) New slide (ctrl + M):- This option is used to we can insert a new slide.

ii) Layout: - This option is used to we can change the layout of the selected slide.

iii) Reset: - This option is used to we can reset the slide position.

iv) Delete: - This option is used to we can delete the selected slide.

3. FONT BOX

i) Font Face (ctrl+shift+f):-This option is used to change the font styles.

ii) Font Size (ctrl+shift+p):-This option is used to change the font size.

iii) B.I.U.:-This option is used to make your matter bold, Italic, underline.

B:-Bold (ctrl+b) I:-Italic (ctrl+i) U: underline (ctrl+u)

iv) Strike through: - This option is used to draw a line between selected texts.

v) Change Case: - This option is used to changes the all selected text in upper, lower, toggle, sentence, each word capital case.

vi) Text shadow: - This option is used to add a shadow behind the selected text to help it stand out on the slide.

vii) Character spacing: - This option is used to we can adjust the spacing between characters.

viii) Font color: - This option is used to we can change the font color.

ix) Clear all formatting: - This option is used to clear all the formatting from the selection, leaving only the plain text document.

4. PARAGRAPH BOX

i) Bullet and numbering: - This option is used to we can insert the bullet and numbering at the beginning of the line.

ii) Multiple level lists: - This option is used to we can insert multiple level lists to create headings.

iii) Line Spacing: - This option is used to we can take space between two or more lines.

iv) Increase and decrease list label: - This option is used to we can move the paragraph from left to right point to point.

v) Paragraph mark: - This option is used to we can insert paragraph mark at the end of the paragraph line.

vi) Align: - This option is used to we can set the paragraph in left, right, center and justify.

vii) Text direction: - This option is used to change the directions of text vertically; stack rotates into the desired direction.

viii) Column: - This option is used to we can split text into two or more columns.

ix) Convert to smart art: - This option is used to we can convert text to smart art graphics.

5. DRAWING BOX

i) Shape: - This option is used to we can make different types of shapes.

ii) Arrange: - This option is used to we can arrange the object to bring to front; send to back, group, rotate etc.

iii) Quick style: - This option is used to we can fill the color in a shape already colored by a different type.

iv) Shape fill: - This option is used to we can fill the color in many shapes.

v) Shape outline: - This option is used to we can fill the shape outline and line dashes.

vi) Shape effect: - This option is used to we can fill the effect in an object.

6. EDITING BOX

i) Find (ctrl+f):- This option is used to we can find any character and string in file matter.

ii) Replace (ctrl+h):- This option is used to we can replace any found character and string in file matter.

iii) Select all (ctrl+a):- This option is used to we can select all Matter at one time.

INSERT TAB

1. TABLE BOX

i) Table: - This option is used to we can insert a table with a row and column. Maximize column inserted 63 and row 32676.

2. ILLUSTRACTION BOX

i) Picture: -This is used for inserting the picture from a file.

ii) Clip art: -This is used for inserting pictures from MS Office setup images.

iii) Photo album: - This option is used to we can insert a photo album in the document.

iv) Shape: - This option is used to inserts many different types of shapes.

v) Smart art: - This option is used to converts text to smart art graphics.

vi) Chart: - This option is used to insert chart for specific data. Example- column chart, bar chart, area chart etc.

3. LINK BOX

i) Hyperlink (ctrl+k):- This option is used to make links with word (character) between many files for any other software.

ii) Action: - This option is used to adds an action for the selected object.

4. TEXT BOX

i) Text box: - This option is used to inserts a text box for writing any matter on the page in any position.

ii) Header & footer: - This option is used to we can edit the header & footer of the document page.

iii) Word art: - This option is used to inserts a decorative text in the page.

iv) Date and time: - This option is used to we can insert date and time in the current active document.

v) Slide number: - This option is used to we can insert slide number in the slide like a page number.

vi) Symbol: - This option is used to inserts a symbol which does not appear on the keyboard.

vii) Object: - This option is used to we can make a link between any software.

5. MEDIA CLIPS

i) Movie: - This option is used to we can insert a media clip like - vedio, mp4,picture, song ,movie from the file presentation.

ii) Clips: - This option is used to we can insert or add the song to sound our object.

DESIGN TAB

1. PAGE SETUP BOX

i) Page setup: -This option is used to set the page mode.

1. Portrait 2. Landscape

ii) Slide orientation: - This option is used to we can set the slide between portrait and landscape.

2. THEME BOX

i) Theme color: -This option used to change the color of the whole document according to theme.

ii) Theme font: -This option used to change the selected font according to the theme font.

iii) Effect: -This option used to change the effect of the current document according to theme.

3.BACKGROUND BOX

i) Background style: - This option is used to we can change the background style from slide.

ii) Hide background graphics: - This option is used to we can hide the3 background graphics of selected slides.

ANIMATION TAB

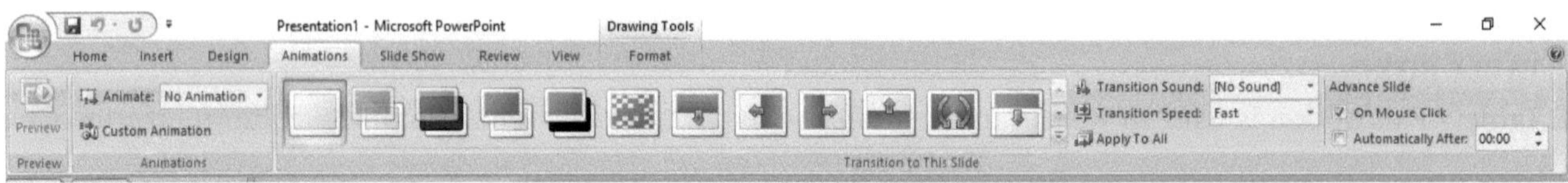

1. PREVIEW BOX

i) Preview: - This option is used to we can see the preview of the current slide.

2. ANIIMATION BOX

i) Animation: - This option is used to chooses the animation for the object.

ii) Animate: - This option is used to you can choose an animation to apply to objects in the slide.

iii) Custom animation: - This option is used to you can animate individual slides of text.

3. TRANSITION TO THIS SLIDE BOX

i) Transition to This slide: - This option is used to choose an effect for the background of Style.

ii) Transition sound: - This option is used to set the sound of the slide.

iii) Transition speed: -This option is used to control the speed of the transition slide.

iv) Apply to all: -This option is used to reconstruct the transition between the slides.

4. ADVANCE SLIDE BOX

i) On mouse click: - This option is used to get until a mouse click to move the slide.

ii) Automatically after: - This option is used to move a slide a minute according to the given time.

SLIDESHOW TAB

1.START SLIDESHOW BOX

i) From beginning (F5):-This option is used to display the slideshow from the first slide.

ii) From current slide (shift+ F5):-This option is used to start a slideshow from the current slide.

iii) Custom slideshow: -This option is used to display a slide only if a selected slide is selected.

2. SETUP BOX

i) Set up slideshow: -This option is used to begin the setup advanced option for slideshow.

ii) Hide slide: -This option is used to hide the current slide from the presentation.

iii) Recorder narration: -This option is used to record a voice string using the microphone attached to your system.

iv) Rehearse timing: - This option is used to we can set the timing of the slide by using the rehearsal.

v) Use rehearses timing: - This option is used to you created by using rehearse timing to switch between slides automatically.

3. MONITOR BOX

i) Resolution: - This option is used to we can set the monitor resolution of our slideshow.

ii) Show presentation: - This option is used to choose a monitor on which to play the full screen slide show.

iii) Use presenter view: - This option is used to show the full screen slideshow using presenter view.

REVIEW TAB

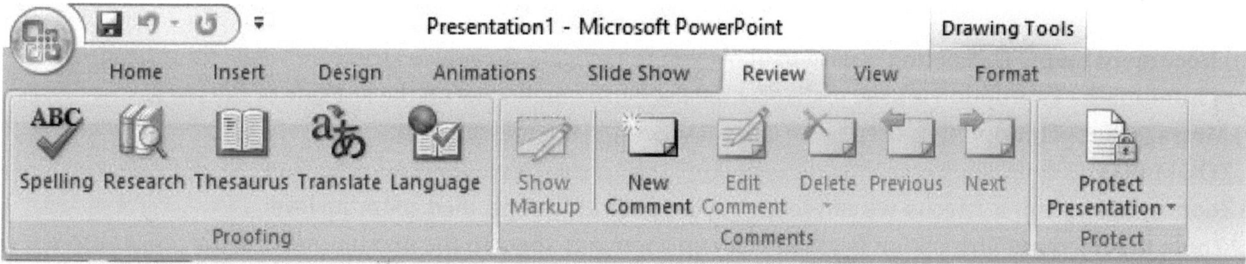

1. PROOFING BOX

i) Spelling and grammar (F7):- This option is used to we can check the spelling and grammar for that matter.

ii) Research (Alt + click):- This option is used to open the research task pane to search through reference material such as a dictionary.

iii) Thesaurus (Shift + F7):- This option is used to we can suggest another word with a similar meaning to the word you have selected.

iv) Language: - This option is used to we can translate the selected text into a different language.

2. COMMENT BOX

i) New comment: - This option is used to we can insert a new comment in the document for any specified word.

ii) Edit comment: -This option is used to edit the selected comments in the slide.

iii) Delete comment: - This option is used to we can delete any selected comment.

iv) Previous comment: - This option is used to we can see the previous comment on the page.

v) Next comment: - This option is used to we can see the next comment on the page.

3.PROTECT BOX

i) Protect presentation: - This option is used to we can protect our document file by giving any password.

VIEW TAB

1. PRESENTATION VIEW BOX

i) Normal: - This option is used to view the presentation in normal view.

ii) Slide sorter view: - This option is used to view the presentation in slide sorter view to easily rearrange slides.

iii) Notes page: - This option is used to view the notes page to edit the speaker notes as they look when you print them out.

iv) Slide show: - This option is used to we can start the slide show form first slide.

v) Slide master: - This option is used to open slide master view to change the design and layout of the master slides.

vi) Handout master: - This option is used to open handout master view to change the design and layout of a printed handout.

vii) Notes master: - This option is used to open notes master view to see the slide notes.

2. SHOW/HIDE BOX

i) Ruler: - This option is used to we can show or hide the ruler on the page.

ii) Grid line: - This option is used to we can see the page in graph style. This option is used to show or hide grid lines in the page.

iii) Document map: - This option is used to allow you to navigate through a structure view of our heading.

iv) Thumbnail: - This option is used to display the page in a small view on the left side of the page.

v) Message bar: - This option is used to we can show or hide the message bar.

3. ZOOM BOX

i) Zoom: - This option is used to we can zoom out the page at the specified zooming level.

ii) Zoom to selection:- This option is used to we can zoom our sheet to the maximum zooming point (400 %).

4. COLOR/GRAYSCALE BOX

i) Color: - This option is used to view the presentation in colorful mode.

ii) Grayscale: - This option is used to view the presentation in grayscale and customize how the colors are translated into grayscale.

iii) Pure black & white: - This option is used to view the presentation in pure black & white mode.

5. WINDOW BOX

i) New window: - This option is used to open a new window containing a view of the current document.

ii) Arrange all: - This option is used to we can arrange our window in cascade style, horizontal title side by side on the screen.

iii) Cascade: - This option is used to cascade the open document windows on the screen so that they overlap.

iv) Move split: - This option is used to splitting the window into a multiple re-sizable page containing the view in your document.

v) Switch window: - This option is used to we can switch to the current window and directly jump in any window.

6. MACRO BOX

i) Macros (Alt + F8):-This option is used to record the matter.

ELEVEN
INTERNET

INTRODUCTION: -The internet is a global connection of people who are linked through computer cables and telephone lines making communication possible with each other in a common language for specific purposes. Network allows computer users to share computer equipment. Program messages and information available at one side of the internet is defined as a network of networks. That is it connects the meaning of LANs and WANs. There are many measurement networks participating on the internet , some of these are:- ARPANET, NSFNET, NASA, BITNET, ETC.

Purpose:-

- Browsing various sites for various information very quickly.
- Sending emails.
- Downloading various software and software updates.
- Reserving tickets for traveling, airline, Railway, hotel room etc.
- Chat with friends and colleagues.

Common term of internet:-

1. **Bits per second:** -The volume of data transfer for a cycle where the volume is calculated in for example 56 KBPS.
2. **Bounce:** -When our mails don't reach the proper address it bounces back to the sender. This is called bouncing.
3. **Browser:** -This is software which allows you to easily display the page and navigate the web.
4. **Browsing:** -The purpose of accessing various websites with the help of web browsers is called browsing.
5. **HTML:** -Hypertext markup language is a programming language. Comfortable calls using the internet web page are designed using This language.
6. **http:-H**ypertext transfer protocol is saved as our regular text but contains connections within the two other documents.
7. **Website:** -This is an address design for particular information. This information is stored in a webpage. (http:// www. yahoo.com)
8. **Downloading:** -This process by which we copy software, picture, and multimedia from a remote location to over machines secondary memory is called downloading.
9. **Chat:** -Online interaction among internet users through text and voice is called chatting as we speak over and we can also interact with anyone while connected to the internet.
10. **Email:** -Electronic mail is the modern technique of sending mail to a remote location with very fast internet.
11. **File transfer:** - FTP- file transfer protocol. This protocol can transfer files from one location to another location by any source.
12. **Search engine:** - Search engines are programs which accept a string as its output and output is the relevant page containing related information to the string. If you Google, Yahoo, UC Browser, Bling, info seek, Mozilla Firefox, Internet Explorer.

13. **Device:**-This is use toconnect the internet the required a computer with a device called modern either built on board or externally attached to it. A telephone line and internet account. An internet account is an account purchased provided by the ISP (internet service provider) for a period of Hours by virtue of which we can access the internet.Example: -BSNL, VSNL, Reliance, Airtel.
14. **Modulator and Demodulator:**- It converts digital data into analogue and also analogue to digital. It works with the physical layer. It is an input and output device.
15. **Modulation:** - digital to analog
16. **Demodulation:** - analog to digital
17. **RJ-45:**- (Registered Jack) It is a connector which is used to connect multiple twisted pairs and optical fiber cable.
18. **Ethernet NIC (network interface card):**- It is a network adapter which is used for high speed internet connection by cable. The address generated in the NIC card- MAC address. [MAC: - media access control]
19. **HUB:** - It is also known as connect-rater. It aims to transfer data into another system. It also works with the data link layer.
20. **Switch:** - This is use data transfer to another system is unnecessary. It sends data where it is required and their destination. It works with the data link layer.
21. **Repeater:** - It is used for amplification of data, amplifying incoming weak Signals and converting them into strong signals. It works at bit level.
22. **Bridge:** - **I**t connects two same types of network.
23. **Router:** - It is also known as a smart device to transmit data packets from one network to another network is called a router. It established understanding between different types of network protocol. A device most appropriate route for data transmission through algorithm, algorithm set of steps. To work with the network layer.
24. **Gateway:** - It connects two different types of network. Gateway can work with all types of network, mainly it works with applications layer.

The Basics of computer networks: -Networking is a technique which is used to make personal computers for multi-user work.

Types of networking:-

1. 1. 1. Based on transmission media: - wired and wireless.
      2. Based on network size: - LAN ,WAN, MAN
      3. Based on management method: - Peer to Peer & client/ server
      4. Based on topology (connectivity):- Bus, Star, Ring, Tree, Mesh

Transmission media:-

1. Wired:-

i) Twisted pair cable

a) Shielded (covered):- speed more than 1000 mbps.

b) Unshielded (uncovered):- speed up to 1000 mbps.

ii) Coaxial cable

a) Base band

iii) Optical fiber cable

a) Reflection

b)Refraction

c) Total internal reflection

2. Wireless:-

i) Radio link transmission

ii) Satellite transmission

iii) Microwave transmission
iv) Infrared
v) Wi-Fi: - wireless fidelity
vi) Li-Fi: - Light Fidelity

Mode of transmission:-

i) Simplex: - one way communication
Sender To receiver
Example: - radio, FM, TV

ii) Half duplex:-two way communication
Sender To receiver
Example: - walky - talky, SMS, radar

iii) Full duplex: - every way full communication
Sender To receiver
Example: - mobile, phone, notebook, tablet.

Network based on size:-

LAN (Local area network):-A local area network is a computer network that interconnects computers within a limited area such as a residence, school, laboratory, university campus or office building.

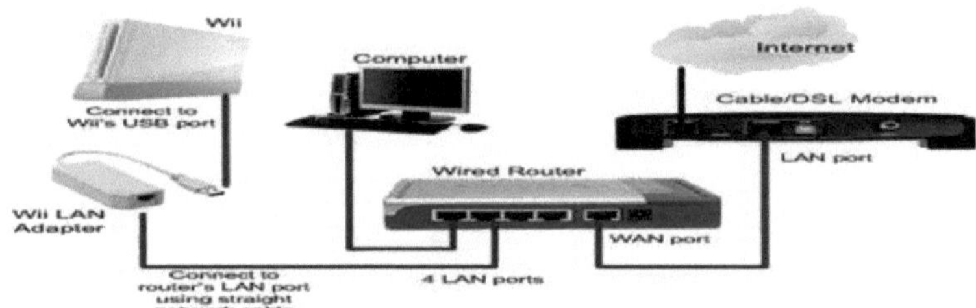

MAN (Metropolitan Area Network):-A network little wider and larger than Local area network and spread over a city or town and provide network access to one another is known as Metropolitan network.

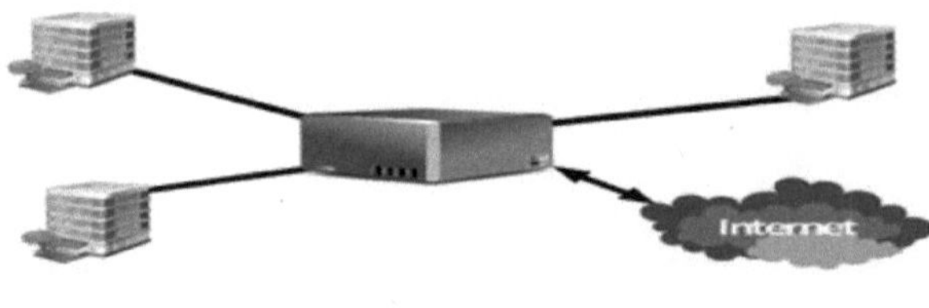

WAN (wide area network):-A wide area network is a telecommunications network spread over a large geographical area. Wide area networks are often set up with leased telecommunication circuits. Example: - finance sector, banking sector, share market and many more. The wide area network can be following form-

i) Private network
ii) Wireless network
iii) Public network

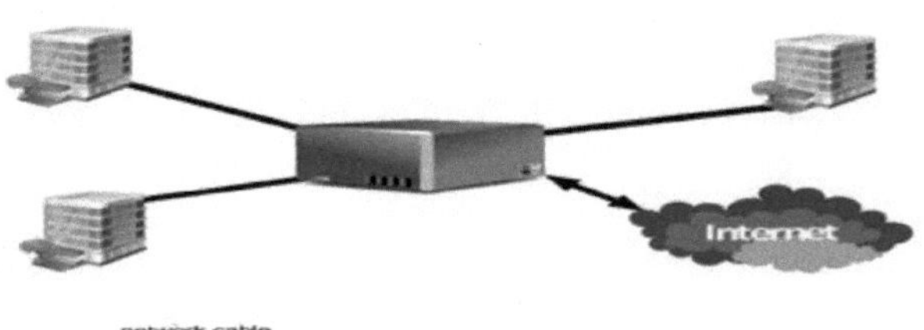

Network based on topology: -A way to connect a computer to the network is called topology

1. Bus network topology: -A bus network is a network topology in which nodes are directly connected to a common linear or branched half duplex link called a bus. In This topology only one message travels at a time. It is also called LINE or linear topology.

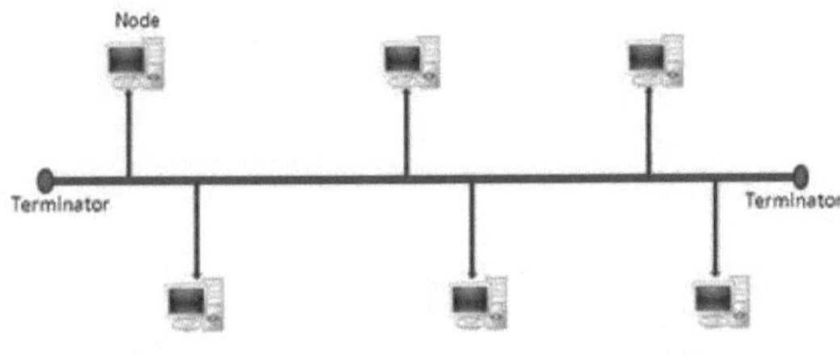

2. Star network topology: -Star topology is a topology for a local area network in which all nodes are individually connected to a central connection point like a hub or station. Install topology centralized hubs. Point-to -point technology is used in Star topology. When the centralized computer or hub is in use then the whole network is to be filled. Most popular topology is star topology.

3. Ring network topology: -A ring network topology in which each node connects to exactly two other nodes. Data redundancy: if a node is disrupted every node will be Disrupted automatically.

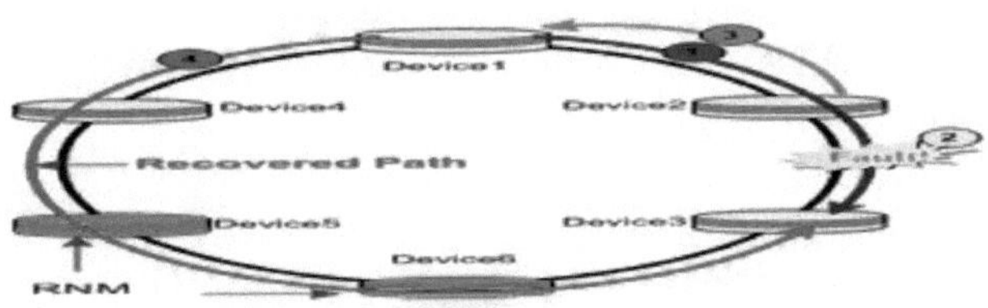

4. Tree network topology:- Tree network or star-bus network is a hybrid network topology in which star networks are interconnected by bus networks. Tree networks are hierarchical and each node can have an arbitrary number of child nodes. A tree topology is a special type of structure in which many connected elements are arranged like the branches of a tree.

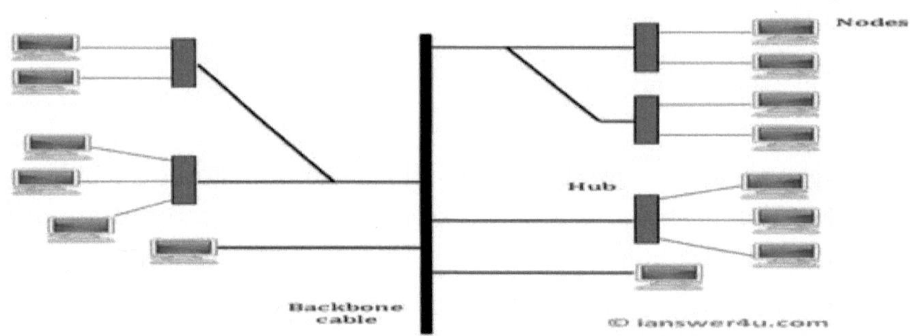

5. Mesh topology: - Its shortest path is selected for data transmission. Alternative path is also selected for data transmission. It is the best topology in the world.

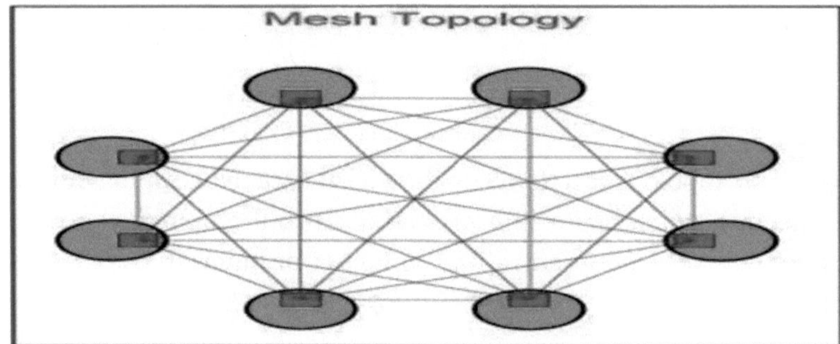

<u>Network protocol</u>

1. **Protocol:** -Set of rules or instructions is called protocol.

First protocol was made by **"WINCERY"**

2. **TCP / IP (transmission control protocol / internet protocol):**-It is used to connect a host server computer to the internet.
3. **FTP (file transfer protocol):**-This is used for file transmission.
4. **Http (hypertext transfer protocol):**-It is used to link to the server. It is known as request and recent protocol.
5. **SSL:** -Secure socket layer
6. **SMTP (simple mail transfer protocol):**-It is used for mail sending.

POP3 (post office protocol):- it is used for online mail receiving an advanced version of POP3 and IMAP.

7. **UDP:** -User datagram protocol
8. **VOIP:** -Voice over internet protocol
9. **SNMP:** -Simple network management protocol
10. **IMAP (internet message/ mail access protocol):**-It works for mail receiving in both methods online and also offline.

<u>Networking and protocol</u>

<u>Evolution of networking:-</u>

Which of the first network - ARPANET (1969)

ARPANET: - Found by ARPA (defense department of USA)
Technique used in ARPANET: - packet switching. (Switching to send data)
Transmission: - One way communication.
Communication: - Double-sided transmission.
* The switching technique in which the data transmission path is predefined: - circuit switching.
Type of switching: - 1. Packet switching 2. Circuit switching
In packet switching packets means the smallest part of data.
1 packet = 4 bit information
Bandwidth: - Measurement of frequency is called bandwidth.

Software and translator

1. Software

Type of software:-

i) System software
ii) Application software
iii) Utility software

i. **System software:** -It provides interface between user and hardware.
ii. **OS:** -It provides a platform where we run application software.
iii. **Kernel:** -This is the part of the OS which loads the operating system to the memory.
iv. **Application software:** -It is used to perform a special task.
v. **Utility software:** -It provides maintenance in the system. Example: -disk cleaner, antivirus, driver, firewall, disk defragmentation.
vi. **Firewall:** -It is hardware and software. Both features are available in the firewall.
vii. **Open source software:** -The software which can be easily downloaded and used. Free of cost is called open source software.
viii. **Software:** -A software which can use but cannot make any change in their copyright.
ix. **Shareware software:** -Software which is shared in the market for free for some time and after sometime it must be purchased for use.
x. **Freeware software:** -It is use of a part of open source software called freeware software. It is free of cost for every time.
xi. **LINUX:** -Linux is a single user multitasking Operating System. It is open source software.
xii. **UNIX:** -UNIX is a multi-user multitasking Operating System. It is open source software.

2. Translator

1. **Assembler:** -It is used to change low level language to machine language.
2. **Compiler:** -It is used to execute a whole program at a time and change high level language to machine language.
3. **Interpreter:** -It is used to execute a program line by line.
4. **Multiprocessing:** - It using more than one processor on a single CPU is called multiprocessing.
5. **Multitasking:** - It doing many tasks at a time on a single processor and a single CPU is called multitasking.

Type of operating system

I. **CUI:** -**C**haracter user interface
II. **DOS:** -Disk operating system (only one task, one person at one CPU at a time)
III. **GUI:** -Graphical user interface (multitask at a time on a single CPU)
IV. **Debugging:** -A person to find errors and resolve them.
V. **Disk defragmentation:** -A process to free space.

VI. **Horizontal finacle:** -It works the same as worldwide.
VII. **Vertical finacle:** -It works like an individual.
VIII. **Finacle which type of software:** -Vertical software
IX. **Finacle software is used in:** -Bank

Network security concept

1. **Authentication:** - To get the access through username and password called authentication.
2. **Encryption:** - To change the format of password is called encryption. i) Encoding ii) decoding
3. **Malware:** - A malicious function which is designed to inject our system called Malware.
4. **Virus:** - Vital information and resources seized.
5. **World first virus:** - Creeper
6. **India first virus:** - Happy Birthday John
7. **WORM:** - Write once, read many.
8. **Message sent by internet:** - WORM
9. **First WORM of world:** - ELK CLONER
10. **Spyware:** - It is used for intelligence.
11. **Hacker:** - An unauthorized access to stolen data.
12. **Spam:** - It is not categorized as a network security concept. Spam is also known as junk mail.
13. **Spoofing:** - To hide someone 's identity.
    i -IP spoofing
    ii- mail spoofing
14. **Phasing:** - To get the confidential information by making a user pool.
15. **Remote login:** -To access username ID and password is called remote login. Telnet is used for remote login.
16. **Full form of TELNET:** -Telecommunication network
17. **Software used in remote login:** -any desk, Team Viewer
18. **ISP:** -Internet service provider
19. **VSNL:** -Videsh Sanchar Nigam Limited
20. **MTNL:** -Mahanagar Telecom Nigam Limited
21. **Web browser:** -It is an application program which uses the services of www.
22. **First browser:** -Mosaic
23. **WWW:** -World Wide Web
24. **W3C:**-worldwide consortium
25. **Founder of www:** -Timber son lee
26. **Website:** -Which is the part of the internet which allows us to provide video, photo, animation image, and text over, internet, www. "Is the collection of web pages".
27. **Web pages:** -It is a resource of information.
28. **Domain name:** -It is used for identifying the server, also known as DNS (domain name system/ server).
29. **URL:** -(Uniform resource locator). A complete web address is known as a URL.

Cyber security: -Cyber security is the practice of defending computers, servers, mobile devices, electronic systems, networks, and data from malicious attacks. It's also known as information technology security or electronic information security. The term applies in a variety of contexts, from business to mobile computing, and can be divided into a few common categories.

Network security :- It is the practice of securing a computer network from intruders, whether targeted attackers or opportunistic malware.

Application security focuses:- On keeping software and devices free of threats. A compromised application could provide access to the data it is designed to protect. Successful security begins in the design stage, well before a program or device is deployed.

Information security protects :- The integrity and privacy of data, both in storage and in transit.

Operational security includes :- The processes and decisions for handling and protecting data assets. The permissions users have when accessing a network and the procedures that determine how and where data may be stored or shared all fall under this umbrella.

Disaster recovery and business continuity define:- How an organization responds to a cyber-security incident or any other event that causes the loss of operations or data. Disaster recovery policies dictate how the organization restores its operations and information to return to the same operating capacity as before the event. Business continuity is the plan the organization falls back on while trying to operate without certain resources.

End-user education addresses :- The most unpredictable cyber-security factor: people. Anyone can accidentally introduce a virus to an otherwise secure system by failing to follow good security practices. Teaching users to delete suspicious email attachments, not plug in unidentified USB drives, and various other important lessons is vital for the security of any organization.

The scale of the cyber threat

The global cyber threat continues to evolve at a rapid pace, with a rising number of data breaches each year. A report by Risk Based Security revealed that a shocking 7.9 billion records have been exposed by data breaches in the first nine months of 2019 alone. This figure is more than double (112%) the number of records exposed in the same period in 2018.

Types of cyber threats

The threats countered by cyber-security are three type:

1. **Cybercrime Includes** single actors or groups targeting systems for financial gain or to cause disruption.
2. **Cyber-attack** often involves politically motivated information gathering.
3. **Cyber terrorism** is intended to undermine electronic systems to cause panic or fear.

So, how do malicious actors gain control of computer systems? Here are some common methods used to threaten cyber-security:

Types of Cyber Crime

1. **Hacking:** - In this type of cybercrime, hackers enter the restricted area and access the personal data and sensitive information of another person, without the permission of that person, the restricted area is someone's personal computer (PC), mobile or any online. There can be a bank account (Net Banking).

2. Cyber Theft: - In this type of cybercrime the hacker violates any copyright law, it is a part of cybercrime which means theft done through computer or internet. This includes identity theft, password theft, information theft, internet time theft, etc.

3. Cyber Stalking: - This Cyber Crime is more visible in social media sites. In this, stalkers harass and harass a person by repeatedly sending dirty messages or emails. In this, stalkers often make victims of small children and such people who do not have much knowledge of internet. After this, stalkers start blackmailing that person, due to which the life of the person becomes very painful.

4. Identity Theft: - This type of cybercrime is seen a lot these days. In this, hackers target those people who use online cash transactions and banking services like Google Pay, Phonepe, and Paytm. Virus, Ransomware and Worms. Hackers send this type of software mostly through a link, pop-up message or email to another computer and ask to touch the link in tempting ways.If that person touches on the link, then the complete control of the computer goes into the hands of the hacker.

6. **Phishing:**- In this type of Cyber Threat, the hacker sends a message or email to a person in the form of a trusted institution or bank, which looks absolutely valid on seeing. The purpose of the hacker behind this is to cause financial harm to that person by taking sensitive information like bank account number, debit card, Aadhar card etc.

7. Child Pornography and Abuse: - In this type of cybercrime, hackers mostly use chat rooms and talk with courtesy by hiding their identity.Small children or minors do not have much information and gradually hackers obstruct children for child pornography. Apart from this, children are not able to tell anything to their parents due to fear.

8. Man in the Middle (MITM) Attack:- In this type of cybercrime, the attacker who is the hacker keeps on spying on the communication of two people and after some time becomes one of those two people and is necessary from the front. Information, and sensitive data like bank, debit, credit card details etc. Due to this the person in front does not even know and the hacker gets all the information.

9. Denial of Services (DoS):- The main purpose of DoS Attack is to reduce the traffic of a network or website. In this attack, hackers weaken the network system by suddenly bringing a lot of traffic to a network or website. Along with this there are many services like Email, Yahoo, and Hotmail etc. When suddenly there will be a lot of traffic in these, then if any user goes to log in, then the user will not be able to use that service.

10. Spoofing:- In this type of cyber-attack, the hacker can attack the system of a big server or big company by using the identity of another person. A hacker can ruin someone's life by taking the help of this attack.

11. Salami Slicing Attack:- "Salami Slicing Attack" is also called "Salami Fraud". In such cybercrime, cyber criminals carry out a big attack by doing many small attacks. Attackers use customer information such as bank/debit card details to deduct very small amounts of money.

Malware

Malware means malicious software. One of the most common cyber threats, malware is software that a cybercriminal or hacker has created to disrupt or damage a legitimate user's computer. Often spread via an unsolicited email attachment or legitimate-looking download, malware may be used by cybercriminals to make money or in politically motivated cyber-attacks.There are a number of different types of malware, including:

Virus: A self-replicating program that attaches itself to clean files and spreads throughout a computer system, infecting files with malicious code.

Trojans: A type of malware that is disguised as legitimate software. Cybercriminals trick users into uploading Trojans onto their computer where they cause damage or collect data.

Spyware: -Program that secretly records what a user does, so that cybercriminals can make use of This information. For example, spyware could capture credit card details.

Ransomware:- Malware which locks down a user's files and data, with the threat of erasing it unless a ransom is paid.

Adware:- Advertising software which can be used to spread malware.

Botnets:- Networks of malware infected computers which cybercriminals use to perform tasks online without the user's permission.

SQL injection

An SQL (structured language query) injection is a type of cyber-attack used to take control of and steal data from a database. Cybercriminals exploit vulnerabilities in data-driven applications to insert malicious code into a database via a malicious SQL statement. This gives them access to the sensitive information contained in the database.

Latest cyber threats

What are the latest cyber threats that individuals and organizations need to guard against? Here are some of the most recent cyber threats that the U.K., U.S., and Australian governments have reported on.

Dridex malware

In December 2019, the U.S. Department of Justice (DoJ) charged the leader of an organized cyber-criminal group for their part in a global Dridex malware attack. This malicious campaign affected the public, government, infrastructure and business worldwide.Dridex is a financial Trojan with a range of capabilities. Affecting victims since 2014, it infects computers though phishing emails or existing malware. Capable of stealing passwords, banking details and personal data which can be used in fraudulent transactions, it has caused massive financial losses amounting to hundreds of millions. In response to the Dridex attacks, the U.K.'s National Cyber Security Centre advises the public to "ensure devices are patched, antivirus is turned on and up to date and files are backed up".

Romance scams

In February 2020, the FBI warned U.S. citizens to be aware of confidence fraud that cybercriminals commit using dating sites, chat rooms and apps. Perpetrators take advantage of people seeking new partners, duping victims into giving away personal data.The FBI reports that romance cyber threats affected 114 victims in New Mexico in 2019, with financial losses amounting to $1.6 million.

Emotet malware

In late 2019, The Australian Cyber Security Center warned national organizations about a widespread global cyber threat from Emotet malware. Emote is a sophisticated Trojan that can steal data and also load other malware. Emotet thrives on unsophisticated passwords: a reminder of the importance of creating a secure password to guard against cyber threats.

End-user protection

End-user protection or endpoint security is a crucial aspect of cyber security. After all, it is often an individual (the end-user) who accidentally uploads malware or another form of cyber threat to their desktop, laptop or mobile device.

So, how do cyber-security measures protect end users and systems? First, cyber-security relies on cryptographic protocols to encrypt emails, files, and other critical data. This not only protects information in transit, but also guards against loss or theft.

Cyber safety- protect yourself against cyber attacks

How can businesses and individuals guard against cyber threats? Here are our top cyber safety tips:

1. **Update your software and operating system:** This means you benefit from the latest security patches.

2. **Use antivirus software:** Security solutions like Kaspersky Total Security will detect and remove threats. Keep your software updated for the best level of protection.

3. **Use strong passwords:** Ensure your passwords are not easily guessable.

4. **Do not open email attachments from unknown senders:** These could be infected with malware.

5. **Do not click on links in emails from unknown senders or unfamiliar websites:** This is a common way that malware is spread.

6.Avoid using unsecured Wi-Fi networks in public places: Unsecure networks leave you vulnerable to man-in-the-middle attacks.

Popular web browser software:-

Microsoft Internet Explorer: - Internet Explorer developed by Microsoft. Included in the Microsoft Windows line of operating systems, starting in 16 august 1995.

Netscape navigator: -Netscape Communications is an American computer services company. Netscape Navigator developed by Netscape Corporation. Originally known for its web browser. When it was an independent company, it was headquartered in Mountain View, California. The name Netscape was a trademark of Cisco Systems, given to the company.

Mozilla Firefox: -Mozilla Firefox is a free and open-source web browser developed by Mozilla Foundation.

Apple Safari: -Safari is a graphical web browser developed by Apple. It is primarily based on open-source software. This is work Mac as the default web browser for Macintosh computers.

Google Chrome: -This is very fast and reliable browser software which browsers the contents very fast with its rich script features. It is developed by Google Corporation.

Opera:- Opera is a multi-platform web browser developed by its namesake company Opera. Opera is a Chromium-based browser.

OSI Layer :-

1. Application layer
2. Presentaion layer
3. Sesseion layer
4. Transport layer
5. Network layer
6. Data Link Layer
7. Physical Layer

Domain names are classified as Geographic and non Geographic:-

Few Geographic domains

Country	Domain Name
Australia	.au
China	.cn
Germany	.de
India	.in
Japan	.jp
United kingdom	.uk
United state	.us
Canada	.ca
Pakistan	.pk
France	.fr
New Zealand	.nz

Non Geographic domain

Code	Application forms
.com	Commercial organization
.net	Network organization
.gov	Parts of Government
.edu	Educational organization
.org	Organization that do not fit the commercial
.mil	Non classified military network
.co	company

List of secret codes that are used for testing hardware on your android devices.

Information about Smartphone, Battery and also Usage Stats	*#*#4636#*#*
Factory Reset of your Smartphone	*#*#7780#*#*
Hard Reset and reinstall the phone firmware	.*2767*3855#
Complete Information about the camera	*#*#34971539#*#*
Change power button behavior	*#*#7594#*#*
Backup all media files	*#*#273283*255*663282*#*#*
Enter into service mode	*#*#197328640#*#*
Testing Wireless Lan	*#*#232339#*#* OR *#*#526#*#*
Display Mac-address of Wi-Fi	*#*#232338#*#*
Enables Quick GPS test	*#*#1472365#*#*
Test your Smartphone LCD Display	*#*#0*#*#*
Enable audio test in your Smartphone	*#*#0673#*#* OR *#*#0289#*#*
Used for the test of Vibration and Backlight	*#*#0842#*#*
Display Information about the version of the touch screen	*#*#2663#*#*
Used for Touch Screen Test	*#*#2664#*#*
Display Information about the version of RAM	*#*#3264#*#*
Display Software Version	*#*#1111#*#*
Display your Smartphone Hardware Version	*#*#2222#*#*

Service Mode	*#197328640#
IMEI Number	*#06# (works in all GSM phones)
Firmware Version	*#1234#
H/W Version	*#2222#
All Versions Together	*#8999*8376263#
Product code	*#272*imei#*
RAM version	*#*#3264#*#*
Phone Model	*#92782#
Phone / PDA / CSC info	*#*#9999#*#*
Phone Battery Information / Network MODE change (EVDO / GSM / WCDMA / LTE / CDMA)	*#*#4636#*#*.
Test History	*#07#
WLAN / WiFi Test Mode	*#232339#
Bluetooth Test Mode	*#232331#
Bluetooth test	*#*#232331#*#*
Vibration Motor Test Mode	*#0842#
Real Time Clock Test	*#0782#
ADC Reading	*#0228#
Ciphering Info	*#32489#
Bluetooth Address	*#232337#
Audio Test Mode	*#0673#
General Test Mode	*#0*#
LBS (Location Based Service / GPS) Test Mode	*#3214789650#
Melody Test Mode	*#0289#
Light Sensor Test Mode	*#0589#
Proximity Sensor Test Mode	*#0588#
Quick Test Menu	*#7353#
Test Menu	*#8999*8378# =
Proximity sensor test	*#*#0588#*#*
Touch screen test	*#*#2664#*#*
Vibration test	*#*#0842#*#*
Network Lock MCC/MNC /	*7465625*638*#
Insert Network Lock Keycode /	#7465625*638*#
Configure Network Lock NSP /	*7465625*782*#

Insert Partitial Network Lock Keycode /	#7465625*782*#
Insert Network Lock Keycode SP /	*7465625*77*#
Insert Operator Lock Keycode /	#7465625*77*#
Insert Network Lock Keycode NSP/CP /	*7465625*27*#
Insert Content Provider Keycode /	#7465625*27*#
View Phone Lock Status	*#7465625#
WLAN MAC Address	*#232338#
WLAN Engineering Mode -runs wlan tests	*#526#
WLAN Engineering Mode	*#528#
RF (Radio Frequency) Band Selection-not sure about this one appears to be locked	*#2263#
HSDPA/HSUPA Control Menu—change HSDPA classes	*#301279#
Fix / Solve Error while Retrieving Information from server rpc s-7 aec-0, RPC/S-7 AEC-7, [RPC/ S-3/ AEC-0] or RPC/S-5/AEC-0 Tools / Miscellaneous Service Mode	*#*#1111#*#*
Data Create micro-SD Card / #273283*255*663282*#	
Diagnostic Configuration	*#9090#
USB I2C Mode Control—mount to usb for storage/modem	*#7284#
USB Logging Control	*#872564#
System dump mode- can dump logs for debugging	*#9900#
GCF (Guralp Compressed Format) Mode	*#3214789#

Status	
Audio Loop-back Control	*#0283#
Remap Shutdown to End Call TSK /	#7594#
Auto Answer Selection	*#272886#
Camera Firmware Update	*#34971539#
Camera Firmware Menu	*#7412365#
GPSR Tool	*#4777*8665#
GCF Configuration	*#4238378#
GPS Control Menu	*#1575#
Data Create Menu- change sms, mms, voice, contact limits	*#273283*255*3282*# Sellout SMS / PCODE view / *2767*4387264636#
Data Usage Status	*#3282*727336*#
Show GTalk / Google Talk service monitor- great source of info	*#*#8255#*#*
Android Mobile USSD secret codes for System(CAUTION)	
Factory Reset	*#7780#
Full Factory Reset / *2767*3855#	
Factory data reset	*#*#7780#*#*
OTA (Over the Air) Update Menu	*#8736364#
TSP / TSK firmware update	*#2663#
NAND Flash S/N	*#03#
RIL (Radio Interface Layer) Dump Menu	*#745#
Debug Dump Menu	*#746#
System Dump Mode	*#9900#.

ppp

TWELVE

ABBREVIATIONS

ARPANET - Advanced Research Project Agency Network	ASCII - American Standard Code For Information Interchange
ALGOL - Algorithmic Language	ATM - Automated Teller Machine
ADC - Analogue Digital Converter	ALU - Arithmetic Logic Unit
AI - Artificial Intelligence	AVI - Audio Video Interleave
BARC - The Bhabha Atomic Research Center	BASIC- Beginner's All- Purpose Symbolic
Instruction Code	
BIOS - Basic Input Output System	BSNL - Bharat Sanchar Nigam Limited
BMP – Bitmap	CAD - Computer Aided Design
CAM - Computer Aided Manufacturing	CD - Compact Disk
CD ROM - Compact Disc Read Only Memory	CD RW - Compact Disc Read And Write
COBOL - Common Business Oriented Language	CPU - Central Processing Unit
CRT - Cathode Ray Tube	CU - Control Unit
CDMA - Code Division Multiple Access	DOC - Document
DRAM - Dynamic Ram	DAC - Digital Analog Converter
DBMS - Database Management System	DCL - Digital Command Language
DFD - Data Flow Diagram	DNS - Domain Name System
DPI - Dots Per Inch	DRDO - The Defense Research And Development Organization
DVD - Digital Versatile Disc or Digital Video	E Mail - Electronic Mail
E-Commerce- Electronic Commerce	EPROM - Erasable Programmable Read Only Memory
EBCDIC - extended Binary Coded Decimal Interchange Code	EDP- Electronic Data Processing
EDSAC - Electronic Delay Storage Automatic Calculator	EE-PROM - Electrically Erasable Programmable Read Only Memory
FORTRAN - Formula Translation	FTP - File Transfer Protocol
GUI - Graphical User Interface	GSM - Global System for Mobile Communication
GIF - Graphic Interchangeable Format	GPRS - General Packet Radio Service
HTML - Hypertext Markup Language	HTTP - Hypertext Transfer Protocol
IBM - International Business Machine	ICANN - Internet Corporation For Assigned Names And Numbers
ISDN - Integrated Services Digital Network	IT - Information Technology
JPEG - Joint Photographic Expert Group	KBPS - Kilobytes Per Second
LAN - Local Area Network	LSI - Large Scale Integration
LCD - Liquid Crystal Display	MAN - Metropolitan Area Network
MICR - Magnetic Ink Character Recognition	MODEM - Modulator Demodulator
MS ACCESS - Microsoft Access	MMS - Multimedia Messaging Service
MB – Megabyte	MS-DOS- Microsoft -Disk Operating System
MS- EXCEL - Microsoft Excel	MS- Windows - Microsoft Windows
MS -Word- Microsoft Word	MTNL - Mahanagar Telephone Nigam Limited

NAL - National Aerospace Laboratories	NIC - Network Interface Card
OCR - Optical Character Recognition	OCR - Option Character Reader
OMR -Optical Mark Reader	OS - Operating System
PC - Personal Computer	PDL - Program Design Language
PL 1 - Programming Language 1	PNG - Portable Network Graphics
PDF - Portable Document Format	POS - Point of Sales
PROM - Programmable Read Only Memory	PSTN -Public Switched Telephone Network
RAM - Random Access Memory	ROM - Read Only Memory
RPG - Report Program Generator	SRAM - Static RAM
SCSI - Small Computer System Interface Port	SIM - Subscriber Identity Module
SMS - Short Messaging Service	TCP / IP - Transmission Control Protocol /Internet Protocol
TFT - Thin - Film Transistor	ULSI - Ultra Large Scale Integration
UNIVAC - Universal Automatic Computer	UPS - Uninterruptible Double Power Supply
URL - Uniform Resource Locator	USB - Universal Serial Bus
UMTS - Universal Mobile Telecommunication System	VIRUS - Vital Information Resources Under Seized
VDU - Visual Display Unit	VLSI - Very Large Scale Integration
VSNL - Videsh Sanchar Nigam Limited	WAN - Wide Area Network
WIMAX - Worldwide Interoperability for Microwave Access	WLL - Wireless Local Loop
WORM - Write Once Read Many	WWW - World Wide Web
WMV - Window Media Video	WMA - Window Media Audio
WAP - Wireless Application Protocol	WLAN - Wireless LAN
WI FI - Wireless Fidelity	NPCI - National Payment Corporation of India
UPI - Unified Payment Interface	BHIM - Bharat Interface for Money
NUUP - National Unified USSD Platform	USSD - Unstructured Supplementary Service Data
NEFT - National Electronic Fund Transfer	RTGS - Real time gross settlement
IMPS - Immediate Payment Service	UTR - Unique Transaction Reference (rtgs)
IFSC - Indian Financial Service Code	SWIFT - Society for Worldwide Interbank Financial Telecommunication
AEPS - Aadhaar Enabled Payment System	BFD - Best Finger Detection
APR - Annual Percentage Rate	TDS - Tax Deducted at Source
PMJJBY - Pradhan Mantri Jeevan Jyoti Bima Yojana	PMSBY - Pradhan Mantri Suraksha Bima Yojana
PMJDY - Pradhan Mantri Jan Dhan Yojana	APY - Atal Pension Yojna
PIC - Peripheral Interface Controller	URL - Uniform Resource Locator
WINDOWS - Wide Interceptive Network Development for Office Work Solution	IMEI - International Mobile Equipment Identity
UIDAI - Unique Identification Authority of India	NEFT - National Electronic Fund Transfer
YAHOO - Yet another Hierarchical Officious Oracle	JIO - Joint Implementation Opportunity
VIRUS - Vital Information Resource under Siege	XPS— XML Paper Specification

THIRTEEN

SHORTCUT KEY

Commonly Used Short-cut Keys	
F1 :- Universal help (for any sort of program)	Alt + F:- File menu options in current program
Alt + E :- Edit options in current program	Ctrl + A :- Selects all text
Ctrl + X :- Cuts the selected item	Ctrl + C :- Copies the selected item
Ctrl + V :- Pastes copied item	Home :- Takes the user to the beginning of the current line
End :- Takes the user to the end of the current line	Ctrl + Home:- Takes the user to the beginning of the document
Ctrl + End :- Takes the user to the end of the document	Shift + Home :- Highlights from the current place to the beginning of line
Shift + End :- Highlights from the current place to the end of line	
Microsoft Windows Shortcut Keys	
Ctrl + F4:- Closes window in program	Alt + F4 Closes current open program
F2 :- Renames the selected icon	F3 :- Start find from desktop
F4 :- Opens the drive selection when browsing	F5 :- Refreshes contents
Alt + Tab:- Switches from one open application to another open application	Alt + Shift + Tab:- Switches backwards between open applications
Alt + Print Screen:- Creates screen shot for current program	Ctrl + Alt + Del :- Opens windows task manager/reboot
Ctrl + Esc :- Brings up start menu	Alt + Esc :- Switches between applications on taskbar
Ctrl + Plus (+) Key:- automatically adjusts widths of all columns in Windows Explorer	Alt + Enter :- Opens properties window of selected icon or program
Shift + F10 :- Simulates right-click on selected item	Shift + Del:- Deletes selected programs/files permanently
Holding Shift During Boot-up :- Enables boot safe mode or bypasses system files	Ctrl + N :- Starts a new note
Ctrl +O (OR) Ctrl +F12 (OR) Alt +Ctrl +F2:- Opens a recently used note	Ctrl + S :- Saves changes to a note
Ctrl + P :- Prints a note	Alt + F4 :- Closes a note and its Journal window
Ctrl + Z :- Helps Undo a change	Ctrl + Y :- Helps Redo a change
Ctrl + A :- Selects all items on a page	Ctrl + X :- Cuts a selection
Ctrl + C :- Copies a selection to the Clipboard	Ctrl + V :- Pastes a selection from the Clipboard
Esc :- Cancels a selection	Ctrl + F :- Start a search tool
Ctrl + Shift + C:- Display a shortcut menu for column headings in a note list	Shift + Del :- Delete Permanent
Microsoft Word Shortcut Keys	
Ctrl + N :- Creates a new document	Ctrl +O (OR) Ctrl +F12 (OR) Alt +Ctrl +F2:- Opens an existing document
Ctrl + S :- Saves changes to a document	F12 :- Saves the document as a new file
Ctrl + P :- Prints a document	Ctrl + F2 :- see the preview of printed document
Alt + F4 :- Exit the word window	Ctrl + Z :- Helps Undo a change
Ctrl + Y :- Helps Redo a change	Ctrl + A :- Selects the whole document

Ctrl + X :- Helps cut a selection	Ctrl + C :- Copies a selection to the Clipboard
Ctrl + V :- Pastes a selection from the Clipboard	Alt + Ctrl +V :- Paste Special Option
Ctrl + Shift + C :- Format Painter	Ctrl + Shift + F :- Font Face
Ctrl + Shift + P :- Font Size	Ctrl + B :- Makes selected text bold
Ctrl + I :- Italicizes selected text	Ctrl + U :- Underlines selected texts
Ctrl + = :- Subscript	Ctrl + Shift + + :- Superscript
Ctrl + > :- Increase Font	Ctrl + < :- Decrease Font
Ctrl + L :- Aligns text left	Ctrl + R :- Aligns text right
Ctrl + E :- Aligns text center	Ctrl + J :- Helps justify text
Ctrl + F :- Find	Ctrl + H :- Replace
Ctrl + A :- Select All	Ctrl + Return (Enter) :- Page Breaks
Ctrl + K :- Hyperlink	Alt + = :- Equation
Alt + Ctrl+ F :- Insert Footnote	Alt + Ctrl + D :- Insert Footnote
Alt + Shift + X :- Mark Entry	Alt + Shit + I :- Mark Citation
Alt +Shift + K :- Auto check for error	F7 :- Spelling and grammar
Alt + Click :- Research	Shift + F7 :- Thesaurus
Ctrl + Shift + E :- Track Changes	Alt + F8:- Macros
Ctrl + 1:- Sets single line spacing	Ctrl + 2 :- Sets double line spacing
Ctrl + 5 :- Sets line spacing to 1.5	Ctrl + Shift + A:- Changes characters to all capitals
Ctrl + D :- Inserts a Microsoft Paint drawing	Ctrl + F :-Finds text
Ctrl + Home:- Moves to the beginning of the document	Ctrl + End :- Moves to the end of the document
Shift + Alt + Right :- Group	Shift + Alt + Left :- Ungroup

Microsoft Excel Shortcut Keys

Ctrl + N :- Creates a new document	Ctrl +O (OR) Ctrl +F12 (OR) Alt +Ctrl +F2:- Opens an existing document
Ctrl + S :- Saves changes to a document	F12 :- Saves the document as a new file
Ctrl + P :- Prints a document	Ctrl + F2 :- see the preview of printed document
Alt + F4 :- Exit the word window	Ctrl + Z :- Helps Undo a change
Ctrl + Y :- Helps Redo a change	Ctrl + A :- Selects the whole document
Ctrl + X :- Helps cut a selection	Ctrl + C :- Copies a selection to the Clipboard
Ctrl + V :- Pastes a selection from the Clipboard	Alt + Ctrl +V :- Paste Special Option
Ctrl + Shift + C :- Format Painter	Ctrl + Shift + F :- Font Face
Ctrl + Shift + P :- Font Size	Ctrl + B :- Makes selected text bold
Ctrl + I :- Italicizes selected text	Ctrl + U :- Underlines selected texts
Ctrl + >:- Increase Font	Ctrl + < :- Decrease font
Ctrl + Alt + Tab :- Increase indent	Ctrl + Alt + Shift + Tab :- Decrease indent
Ctrl + F :- Find	Ctrl + H :- Replace
Ctrl + A :- Select All	Ctrl + K :- Hyperlink
Ctrl + Shift + F3 :- Create From Selection	Ctrl + ' :- Show Formula
Ctrl + T :- Insert Table with row and column	F7 :- Spelling
Alt + Click :- Research	Shift + F7:- Thesaurus
Alt + F8 :- Macros	Ctrl + W :- Close The Active Window
F2 :- Cell Edit Mode	F9 :- Calculate
Shift + F9 :- Calculate Sheet	Ctrl + Alt + F5 :- Refresh All
Shift + Alt + Right :- Group	Shift + Alt + Left :- Ungroup

Microsoft PowerPoint Shortcut Keys

Ctrl + N :- Creates a new document	Ctrl +O (OR) Ctrl +F12 (OR) Alt +Ctrl +F2:- Opens an existing document
Ctrl + S :- Saves changes to a document	F12 :- Saves the document as a new file
Ctrl + P :- Prints a document	Ctrl + F2 :- see the preview of printed document
Alt + F4 :- Exit the word window	Ctrl + Z :- Helps Undo a change
Ctrl + Y :- Helps Redo a change	Ctrl + A :- Selects the whole document
Ctrl + X :- Helps cut a selection	Ctrl + C :- Copies a selection to the Clipboard
Ctrl + V :- Pastes a selection from the Clipboard	Alt + Ctrl +V :- Paste Special Option
Ctrl + Shift + C :- Format Painter	Ctrl + Shift + F :- Font Face
Ctrl + Shift + P :- Font Size	Ctrl + B :- Makes selected text bold
Ctrl + I :- Italicizes selected text	Ctrl + U :- Underlines selected texts

Ctrl + >:- Increase Font	Ctrl + < :- Decrease font
Ctrl + D :- Duplicate Slide	Ctrl + M :- New Slide
Ctrl + K :- Hyperlink	F5 :- From Beginning
Shift + F5 :- From Current Slide	F7 :- Spelling
Alt + Click :- Research	Shift + F7:- Thesaurus
Alt + F8 :- Macros	

Printed by Libri Plureos GmbH in Hamburg,
Germany